パラダイムシフトの群像 People in a Paradigm shift

Case 001 池亀建治　Style NOVEL

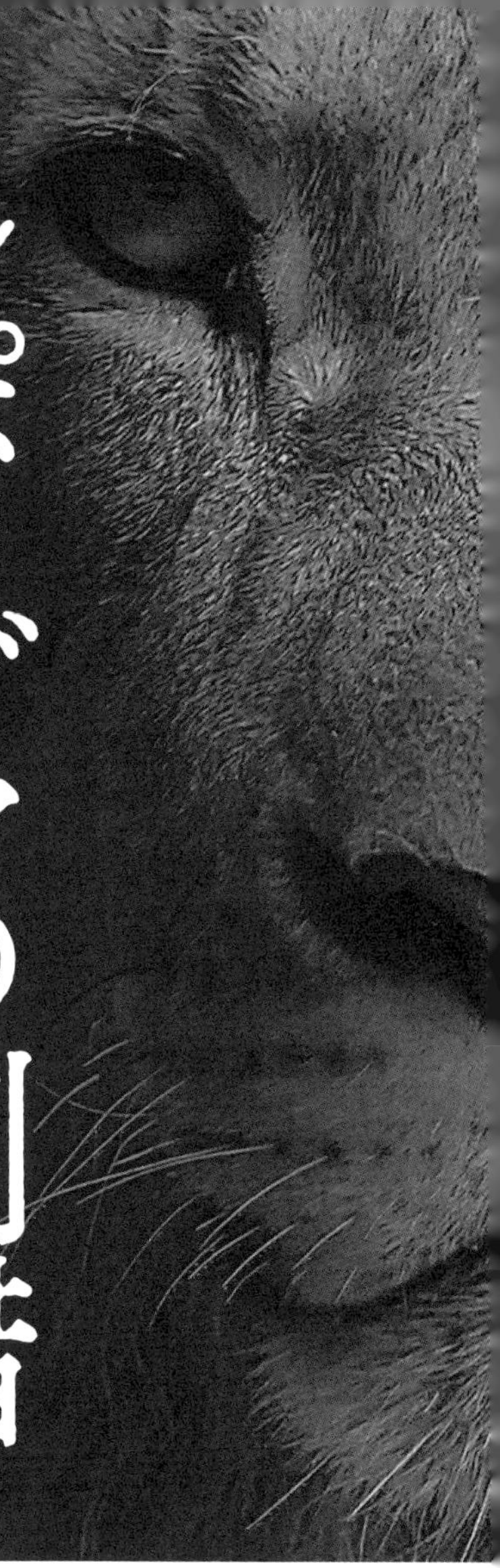

ンポロゴマの倒錯

中野 順哉

関西学院大学出版会

はじめに

自分の人生の中で、感じたこともない感情が、この世には満ちている。縁遠い人生を送っている人だけではなく、家族、親子、友人、恋人、夫婦――そんな近しい間にも、「見慣れない感情」は渦巻いている。

うまく共有できなかった感情たち。その姿は、どんなものだったのだろうか。瞬間的なものは、本人にももう思い出すことはできないだろう。しかし、共有できないという理由で、人知れず、忘却されてしまってもいいのだろうか。

もし「正しい」「かくあるべき」といった、その時代独特のパラダイムが生み出したものであれば。あるいはパラダイムを信じることで苦しみ、傷つき、あがいたことで生まれた波のようなものであったのだとしたら――自分の生きたこの時代が、時とともに歴史の一コマとなってゆく前に、この波を、少しでも形にしておくことが必要なのではないか。たとえ大きな波にはならなかった、弱々しい心の断片であったとしても、それはその時代に、その時代だからこそ生まれた「人類の遺産」なのだろうから。

市井の人びとが心の中で、もがきながら掴んだパラダイムシフトの姿。言語と視覚に特化したオンラインの世界である現代においては、ずいぶん時代遅れの手法かもしれないが、作家として、活かせる手法を幅広く活かし、五感を働かさなければ伝わらない「感じたこともない感情」を、メッセージとして伝えたい。ある人の感情は詩的に。ある人の感情は古典調に。ある人の感情は小説として。作家としてのパレットをできるだけ広げ、ときにはフィクションを混ぜることで、「感情」を情報ではなく、「感じられる形」として伝える。これがこのシリーズの目指すところである。

今回は池亀建治という市井の人間の選択を紹介する。手法は小説スタイルを採用した。それが、彼の見てきた世界と選択、そして感情を、より共有しやすいものにできるのではないかと感じたからだ。

フィクションから想像する「現実」を五感で感じていただければ幸いである。

中野 順哉

目次

プロローグ

いまから思えばどうしてそんな旅に出たのか、確たる根拠は見当たらない。なんとなく、そうするのが良いのではないかと思った。

そして南半球を一周した。

二〇一八年の秋のことだ。――ニュージーランド、チリ、イースター島、アルゼンチン、ブラジル、南アフリカ共和国、ウガンダ、ケニア、チュニジア、ヨルダン、そして日本に戻る。要した時間は二か月。

いまは世界中の様子をPCやスマートフォンで知ることのできる時代だ。それゆえに南半球を廻るといっても、「へえ、そうなの」程度の話で終わってしまう。実際、旅の中での自分の心情を振り返れば、どこまでも個人的な喜びや驚きの連続、それを確かめるようなものであったのかもしれない。

「本物を見たい」だとか、「生きている実感を」とか――まあ、言葉はいくつでも見つかるが、見つければ見つけるほど嘘っぽくなってゆく。人間の頭の中に、いわゆる「インターネット」が深く入り込むと、「現実」の引力が強くなってしまうのだろう。想像する余地が消えてゆく。その引力の前では、個人の思いつく言葉など、誰にも届かない。現実という「ブラックホール」に吸い込まれてゆくみたいなものだ。

――たぶん、これも届かないんだろうな。

ニュージーランドの広大な土地の上を車で走りながら、そんなことを思って窓の外を見ている。目に留まるのは大小の牛また牛。地面に顔を近づけ、懸命に何かを食んでいる。草を食べているのだろうが、そういうふうに見えない。とにかく「地面を食べている」。そんな感じだ。

これを動画で撮って配信したところで、「それで?」というところだろう。牛の横で写真を撮れば「インスタ映え」はするかもしれないが、まあ、その程度のことだ。いま自分が感じている感覚――その数パーセントも伝わらないだろう。そして自分自身もいずれ、それを忘れてゆく。

これが現代を生きる個人の実像だろう。

とても私的で、言葉が通じなくて、そして瞬時に消えてゆく。

「現実」の引力に想像が吸い込まれる。

牛の食べる「現実」は「地面を食べる」というワードの生命力を消してゆく。人が軽くなったのか。それとも人が人との絆を大切にしなくなったのか。新たなつながりの場であるＳＮＳですら、お互いに大切にしようという「心」が見当たらない。だからというわけではないが、私は――すぐに消える想像の群れを、とにかく忘れたくなかった。旅の間、思いつくワードをメモするノートと、なんとなく買った『サピエンス全史』という一冊の本を持って、南半球に足を向けたのだった。

一　沈黙する未来

どうしても行きたかったのはイースター島であった。
オセアニアを去ると、真っすぐ向かった。

この島は無制限に観光客を受け入れない。とても穏やかで、どこに行っても日常が乱されてはいなかった。自然はどこまでも自然であり、人間もそこで共生を許されている。
当然モアイ像を見に行く。

——なんでこんなものがここにあるのかな。

あらためて考えてみた。
自然の中に人類の痕跡がある。
意思がある。

純粋にそのことが、とてつもなく大きなことのように思えた。

――目に見えることっていったい何なんだろう。

太平洋の壮大さ……そんなことも考えてみた。

この像と自然――どちらも目には見えるのだが、それをつなぐ人間の意思は、そのままでは見えない。想像するしかない。

「どんな意思だったんだろう」と考えてみると、急に背中に寒気が走った。自分の心と、ぷかぷか浮遊する「モアイ像を造った人びとの意思」が接触したような気がした。

あらためて像を見つめてみる。

――感動しているんだな、いま。

急いでノートを開く。

何か書こうとしたが、ペンが動かない。しばらく考えたが何も書けない。

しかたなく靴を脱いで裸足になり、モアイ像と自分の足の記念撮影をした。

＊　＊　＊

「リオデジャネイロは危ないので、絶対に行ってはいけない」

旅に出る前、友人から何度もそう言われていた。あまりにも熱心に言うのでしかたなく、サンパウロに向かうことにした。

この街――印象としては最悪であった。官庁街の真ん中に教会があって、真っ昼間からそこに人がたむろしている。麻薬をやっているのだ。

――嫌なものを見たなぁ。

イースター島での印象が幻想的であっただけに、現実の人間の姿があまりにも生々しく、「そんなものだろ」と軽く飲み込むことができないでいる。

とにかくこの街のムードが好きになれなかった。

ホテルのコンシエルジュも「危ないからうろうろするな」と言っていた。

しかたなくホテル一階のカフェに腰を下ろした。

「お金がないんです。一杯飲ませてくれませんか」

癖のある英語でしゃべりかけてくる男がいた。見れば身なりの、比較的きちっとした「紳士」だった。

——おかしなことを言うものだな。財布でも落としたのか。

首を傾げたまま、返事しようとしていると、カフェの店員が飛んできて、男に「出て行け！」と怒鳴った。

「あれは何なんだ？」と店員に聞こうとしたが、彼は「別に」となんでもないというジェスチャを見せる。そう、なんでもない「普通」の光景なんだろう、ここの街では。

おそらくあの男も、少し前までは、わりと社会的にも安定した「普通の仕事」をしていたに違いない。それがいまは、一杯のコーヒーを恵んでもらわなければならない。それがこの街の「普通」なのだ。

その「普通」に興味がわいた。じっくり見てみようとカフェを出る。

ホテルは市庁舎のそばであった。そこに黒人の女性たちが集まっていた。「井戸端会議」なのかな——と思って近づくが、それにしては静かだ。

なんとなくそこに集まり、なんとなく時間を過ごしている。

経済的にどうなのか……など、さっきの「紳士」ではないが、身なりからはわからない。

ただ、裕福ではないことは見て取れる。

ふと、一人の女性と目が合った。

——何かを落っことしている。

そんな言葉がひらめいた。

女性の目は確かにこちらを捉えている。しかし反応していない。興味がないとか、珍しくないとか、警戒しているとか、挨拶がわりに微笑むとか……正も負も何もないその表情は、ただ暗く沈んでいた。絶望などという言葉で表現できそうでもない。そもそも希望なんてものがあったのかどうか、それすら疑わしくなる——そんな色をしていた。

格差社会だとか、重税をかけた上でばらまきをする経済政策だとか、ブラジルの政治経済をあれこれ分析して、「こういう社会だから」と結論づけることは難しくはないだろう。だけど、この暗さからは、もっと根源的な匂いがした。

大事なものを、どっかに落っことしているような感じ。アイデンティティっていうのか、国家観――いや、そんなんじゃない。なんてのか……人間独特のストーリーってやつかな。

この感想は旅をともにしていたくだんの本の影響だ。

厖大な数の見知らぬ人どうしも、共通の神話を信じることによって、首尾よく協力できるのだ

この一節が引っ掛かっていただけかもしれない。

とりあえず、脳みその中でつぶやいたことをノートに記す。

＊　＊　＊

ブエノスアイレス。

静かだな――ちょっとパリに似ているかも。

まずはそうメモした。

だがすぐに静けさに理由があることを知った。

CENTRO CULTURAL KIRCHNER

Ｇ20が開催される直前だったのだ。

デモのリーダーたちはすべて拘束されていた。

だから「静か」なのだ。

思わずメモに一言追加した。

「居心地が悪い」と。

書いてから、かちりっという音が胸の内で響くのを感じた。

心の中にしまったままの「刀」。子供のころからずっと、それこそ企業で働く現役時代まで、こいつをよく振り回したものだった。

——なんだか久しぶりだな。いやはや、南半球にいても、こいつの音が聞こえるとは。

メモしようとしたが、いい言葉が出てこない。

諦めてペンを置いた。

このごろになってようやく気づいたことがあった。

旅人に「どこから来たの?・」と聞くのはごく普通の行為だ。南米でも人に出会うたびに、ほぼ毎回それを聞かれた。ただどういうわけか「日本人だ」と言うと皆、胸に手をあてる。

「日本人!」

そう言って握手を求めてきたり、抱きしめてくれたり。最初はマニアックな日本ファンにばかり出会ったのかとも思っていたが、重なると「普通の反応」なのだと納得せざるを得ない。そのうちに新鮮味がなくなって慣れてしまった。

サラリーマンが突然、職を失ってホテルのカフェで物乞いをする。

日本人を愛している。

どちらも「普通」。

そんな「普通」が横たわっている。

印象的だったのはチリだった。

夕食を済ませた。

このままホテルに戻るのも何か物足りないと思ってふらふらと街を歩く。

どこか行くべきところはないかと、出会った警官に尋ねた。気のいい男であれこれ一緒に考えてくれる。そのうち思いついたと目を大きくした。

「だったらカラオケにでも行ったらどうだ」

「カラオケ?」

私も歌うのは好きだが、南米で「カラオケ」というのはピンとこない。

余計に興味をそそられた。

さっそく場所を教えてもらい、足を向けてみた。

オフィス街の隙間。とてもわかりにくい、ちょっと怪しげなビル。その二階に店はあった。

さっそくビルに入ろうとすると、怖い顔をした黒人が「何の用だ」と詰問する。「カラオケに来たんだ」と言ったら、不愛想なまま「ここから入れ」——まずいところに来たのかもしれないなと、恐る恐る部屋に入った。

三十人ぐらいは入れるスペースだ。個室ではない。ここで順番を待って歌うというシステムのようだった。

部屋に入ると五、六人の先客がいた。さっそく曲を入力して順番を待った。しばらくすると一人の青年が近づいてきた。親しげに話しかけてくる。どうやらこの店の常連のようであった。

「どこから来たの」

いつもの質問だ。日本からだと言うと、目を大きくする。これもいつもの反応。

「僕はサントリーのワインを入れる瓶を製造する会社に勤めているんだ」と嬉しそうに話した。どうもそれが自慢のようであった。

この後、彼の日本贔屓が開花する。

私が歌うたびに大きく手を叩いて褒めてくれる。何曲か歌ったが、ずっと「素晴らしい！」を体で表現し続ける。そのうちに客は増えていった。新しくやってくる客に「あの人、日本人なんだ」と青年は告げている。次第に私が歌うたびに拍手が大きくなってゆく。気がつくと満席になっていた。さすがに三十人待って歌うのは面倒だと思い、「これで最後だ」と一曲──五木ひろしの「山河」を歌った。それが終わるなり、コールが起きた。


ケンジ！　ケンジ！　ケンジ！　………。

サンパウロで見た「暗さ」や、ブエノスアイレスの「居心地の悪さ」に似た空気は、チリにも強烈に漂っていた。その「生気のなさ」とは対照的な熱意──いったい、あのコールは何だったんだろう。

ホテルに帰る。

メモはただ一言。

ケンジコール――？

＊　＊　＊

得体の知れないメモばかりを積み上げて南米を離れ、アフリカに向かった。

南アフリカ共和国に入る。ここでは単純にサファリランドに遊びに行った。童心に戻って散々楽しんだ後、泊まったロッジでの夕食。狩猟気分でバーベキューを食べる。ただここでも「日本人！」という、件の反応があった。

ウエイトレスの女の子だ。

僕が日本人だとわかると声を上げ、何かと接点をもとうとするのだった。

すでに慣れてしまってはいたが、女の子に目を輝かされると少し心が緩む。

いい年をして「可愛い子だな」とほのかな甘さが胸に残る。

ただ――なんとなく南米での「日本人！」と、ここでのそれとは色合いが違った。何と言っていいのか……芯が太いような気がしたのだ。そのことをメモしようと思った。これ

ROBERTSON
WINERY

もなかなか言葉にならなかった。

南アフリカでは高級住宅街に泊まった。高級とはいえ、安全であるというわけではない。ライフルを持ったガードマンがあちらこちらに立っている。そんな環境の中で、私の世話をしてくれたのは白人の老女であった。とても親切な女性であったのだが、ちょっと奇妙なところがある。広い邸宅に一人暮らし。それはいい。だが家事全般をさせている使用人、それが大柄の黒人の青年なのだ。

——女の一人暮らしに若い男を入れるのか。

不謹慎ではあったがふと、三島由紀夫の『愛の渇き』のような世界を想像してみた。しかしそういう仲ではなさそうだ。というより——「二人」という言葉が、似つかわしくない。彼女にとって、自分一人の空間で青年が働いていることは、ごく「普通」の風景で、意識するべき「人」がいるというよりは、「モノ」がある——そんな感じであった。

人種偏見とか、アパルトヘイトの名残だとか、そんなふうに捉えるのが「正解」なのかもしれないが——それにしても、あまりにも「自然」なのだ。染みついた感覚というのも違う。何だろう。そう、やっぱり「芯」だ。芯が太いのだ。南米で見た「落っことしたもの」に照らし合わせれば、強靭なストーリーがここにはある。

倫理的な善悪だとか、そんなものではなく「ストーリー」。

手にしていた本のいう通りなのだろう。

人はなにがしかの思いを共有することで、一つのコミュニティーを生み出してゆくらしい。幻想、ストーリーの共有があれば、万を超える同種の意思疎通を可能にする。

——なるほどね。

これがアフリカ最初のメモとなった。

＊　＊　＊

ウガンダに向かう。

「芯の太いアフリカ」

すっかりテーマとなっていた。

この視点を手掛かりに現地を歩くと、さっそく面白いことに気づいた。

――この国、買い物が全部ガラケーだ。

キャッシュレスは、もはやどこの国でも見慣れた風景となっているが、ウガンダでは「貨幣」＝「ガラケー」であるかのような共通認識があった。後で知ったのだが、ケニアで開発された「Mペサ」というものなのかもしれない。リアルな貨幣から離れるのは、偽札が多い国で特に顕著だ。それは見方を変えれば「貨幣」を信じない以上に「国」を信用していないことの表れともいえよう。「芯の太いアフリカ」にとってみれば、後づけの「国」よりも、人間同士が共有する――部族や親族、血縁の共有するストーリーのほうが重要なのではないか。であれば貨幣離れは、当然の帰結ともいえよう。

ただ「ガラケー」を「共通言語化」していることは興味深かった。

ほとんどの人間が銀行に口座を持っていない。

仕組みはよくわからないが、あらゆる決済がガラケーを介した、個人とのダイレクトな取引になっている。信用するべきポイントがあくまでも「個人」で、「個人」になにより信を置く。盗難も「ガラケー」が多い。観光客の「スマホ」も狙われる。別に泥棒が「スマホ」の機能に精通しているわけではない。「きっとガラケー利用者よりも、より多くの資産を持っているに違いない」というふうに、「電話」の向こうに、素敵な個人の姿を思い描いているからだ。

――汗をかいてせかせかスマホが歩いている。それが私の姿なのかもな。


勝手に想像して、勝手に笑う。

これもメモした。


ウガンダで世話をしてくれたのは、日本人女性であった。ここで日本料理店の総合マネージャーとして働いていた。もともとはミャンマーで道路を造るNGOの活動に参加していたのだが、レストランが開業されるときに、オーナーからスカウトされてやってきたのだという。本格的な日本の料理を提供する大型レストランだが、そこで彼女は「日本人的な接待」も、現地のスタッフに教えていた。

「接待、作法まで教えるの？」

「ええ。料理ってそういうものなんだと思うんです。味だけではなくて……」

続けるべき言葉を考えているようであった。

私はそれを横取りするように口を挟んだ。

「ストーリー？」

彼女は目を丸くした。

そしてくすりと笑う。

「面白いことを言う人なんですね」


旅の中で見る笑顔というのは、心に響きやすいものがある。

美しい笑顔にピクリと胸の中が動いた。

照れながら頭を掻く。

あの本の著者に「勝手に借用してごめんね」と謝りながら。


彼女は何かを思い出したように言った。

「ちょうどいいわ。会わせたい子がいるの」

紹介してくれたのは、彼女の仕事をサポートしているウガンダ人の青年だった。

名前はキジトといった。

法科の大学生だという。


自己紹介をしあう。

すると彼もまた「日本人！」を叫んだ。

彼の場合は本当に叫んだ。これまで聞いたなかで、もっとも熱烈で、「芯の太い」叫びであった。相当に興味をもっていたのだろう。以降、ウガンダ滞在中、彼はずっと私のそ

HOLLI
STER

ばを離れなかった。

現地の言葉は私にはわからない。

キジトは日本語を知らない。

通じるのは英語だけ。

残念ながら二人ともカタコトで「通じ合った」とは言い難い。

何度か質問をしてみたが、表面的なことはわかっても、複雑な感覚まではわからない。わかったことは――キジトには祖母がいること。日本料理レストランの土地は祖母のもので、それを貸していること。祖母の仕事はコーヒートレーダーであったこと。しかし、いまはすでに高齢で脚が悪く、ほとんど寝たきりであること。彼は祖母の面倒はもちろん、総合マネージャーである彼女の手伝いもしていること。

「日本にどうして興味があるの？」

「祖母が日本を愛しているから」

それ以上のことがわからない。彼も説明できない。ただキラキラと輝く目をこちらに向けているだけである。

あっという間に一週間が過ぎた。

「もう行かなきゃいけないんだ。いろいろありがとう」

「お元気で」

「じゃあ……また」

情熱的な眼差しだけが光り、言葉は極端に少ない。


——彼に日本の何を伝えてやれば良かったのか。


「また」と言って別れたが、「また」なんてあるのかな。あったとしても、もどかしさとともにときが流れ、そして「また」と言って別れるだけじゃないのかな。

少し後ろ髪を引っ張られるような気がした。


——まあ、いいか。


気分を変えようと飛行機に乗る。

そして次の国——ケニアに向かった。

ノートには「日本人！」——キジト。なぜ。と記した。

＊　＊　＊

どこに行くかも決めず、なんとなく訪れた国ケニア。せめて泊まるところぐらいはと、結構なホテルに落ち着くことにした。ただし、シャワーは気まぐれにしか出なかったが……。

――それにしてもここはすごい。

どこを見てもトヨタ、またトヨタ。ウガンダでもトヨタの車は見た。ただいずれも中古のバンが、ミニバスとして人びとを運んでいた。それに対し、ケニアでは新車ばかりだ。バスセンターには真新しいバスが二百台ほど並んでいる。しかも片側三車線の道路も整備され、郊外まで行けるようになっている。

さて、荷物を置いてさっそく計画を練る。何もわからないので、ここでもホテルのコンシェルジュを探した。窓口には気さくな男がいた。私が『少年ケニア』という漫画が日本にはあるんだ」などと話すと、身を乗り出してきた。しばらく談笑をしているうちに

KCD 780E
KCR 929A
KCA 916M

すっかり打ち解けてくる。よく話を聞けば男はホテルの支配人だということがわかった。彼は親切にも「ケニアで活動しているＮＧＯの日本人女性を紹介してやろう」と、目の前で電話をしてくれた。

紹介してもらった女性に会うべく事務所を訪ねる。三十歳くらいの若い人であった。「アフリカの子供たちの窮状を見て、自分はここに一生を捧げようと思ったんです」と、真摯に語る彼女。しかし、開口一番私に言ったことは「とにかくこの国は危険ですので、不要不急の外出はせず、なるべくホテルから出ないようにしてください」であった。

こっちは旅で来ている。コンシェルジュに頼んだのは旅のプランだ。それが「出歩くな」とは何事だ。それに、ここに来るまでも危険なところはいくつもあった。いろんな「普通」にも出会った。ウガンダでもスマホは奪われずに済んだ。いまさら大げさなことを言われても。

ところが彼女は真剣な顔で言うのだ。

「行きたいところがあれば、必ずホテルにタクシーを呼んで行ってください。そして『何時にここを離れるから』と言って、帰りもタクシーを使ってください」

「買い物はどうしたらいい?」

「同じです。買い物の場合は、タクシーを待たせ、運転手の見えるところで買い物を済ませてください」

事務所を後にする。

どこまでも街は整然としている。

ウガンダの騒然さとは雲泥の差である。

危険より、むしろ安堵を覚えそうな街の表情を前に、私はまったく腑に落ちないでいた。


ホテルのすぐそばに、ナイロビ・サファリ・ウォークというところがある。足を向けると旅行者と思われる日本人の一家がいた。彼らに声をかけてみた。話をしているうちに、なにげなく尋ねた。

「他の国に比べると、ケニアはずいぶん安全なところなのではないですか？」

すると、そのなかの女性が目を大きくした。

「まさか！　とんでもない！　街なんか出てはいけませんよ。私は昼間に十人のケニア人に取り囲まれて、身ぐるみ剥がれたんですから。外国人狩りをするんですよ」

そんな体験談を聞かされると、さすがに気持ち悪くなる。素直にホテルに真っすぐ向かうことにした。歩きながらあらためてあたりを見直すと、街はどこまでも静かである。そう、静かすぎるのだ。そしてようやく気がついた。店が一つもないのである。建物があって、その前に小銃を抱える男が立っている。店はその奥にあった。表立った営業ができない。それがこの街の「整った表情」だったのだ。

忠告に従い、国立博物館へ行くのも、現金の引き出しも、すべてホテルから直接タクシーを使って往復した。

――今日はサファリに行こうかな。

タクシーの運転手にマサイマラ国立保護区に向かってほしいと伝えた。

街を過ぎ、田舎からさらに山岳地帯へ。

運転手は気を利かせたのか、あるポイントで車を止めた。

「あれを見てみなよ」

――ん？

車を降りると――あった。

「大地溝帯か……」

突然に顔を出す。

あまりにも突然で、あまりにも自然で――。

――何なんだこの、ぐいぐいと引っ張るエネルギーは……。

呆然と、ただ見入っていた。

見終えてタクシーに乗った後も、しばらくは何も考えたくないほど、胸の内に重い衝撃を感じていた。

サファリからの帰り道でも、まだ大地溝帯の衝撃は残っていた。

そのせいか、ここにきて以来、ずっと窮屈な思いをしてきたタクシーの往復が、急に馬鹿馬鹿しく感じられた。どうしてもイレギュラーなことをしてみたくなった。

「田舎のスーパーマーケットなら、そこまで警戒することもないのではないか」

運転手は少し渋ったが、なんとなくこちらの気持ちを察したのか、「わかった」と言って連れて行ってくれた。

相変わらず入り口には小銃を持ったガードマンがいたが、問題なく買い物を済ませることができた。

本当に何もなかった。

「なんだ、大したことないじゃないか」

大地溝帯の破格のエネルギーの前では、何事も小さく思えた。

――やっぱりな……。

奇妙な「納得」をしながらホテルに戻った。

しかし次の日――。

日本大使館から連絡が入った。

「郊外のスーパーマーケットでイタリア人が誘拐された」

前日に行った同じ規模のスーパーマーケットであった。その報告を聞いて思わずうなった。ＮＧＯの彼女が忠告していたことの、本当の意味がようやく理解できたのだ。

普通に考えればおかしな話である。

イタリア人は殺されたのでもなく、金品やパスポート、スマホを強奪されたのでもない。さらわれたのだ。

――モノではなく、人間自体が標的であったということか。

飲みかけていた朝のコーヒー。その手が止まった。

――しかも生きた状態でなければならない。何のために。

考えられることは身代金の要求であろう。誰に対してか。国ではない。企業か。確かに企業から派遣されてきた人間を誘拐したのであれば、身代金は要求できる。

だが――

犯行グループはなぜ、そのイタリア人の家族が企業から派遣された人間だとわかったのだろうか。手あたり次第の犯行で、たまたまヒットしたのか。そうではないだろう。彼らは知っていたはずだ。

──どうやって……。

彼らに情報を与えることができるのは──。

警察を含む公的な組織の人間に違いない。

なぜそんなことをするのか。

もちろん見返りがあるのだろう。

そう、お金のためだ。

お金に執着することは、別に責めるべきことではない。問題は「公」を捨てることなのだが、それも枝葉末節のことではないだろうか。本当に問題なのは──。

国家の不正義──「公」を捨てて平気でいられること。

それが「普通」となっていること。

いや、そうすることに「正当性」すら感じていること。

なんとも不気味だ。

そして静かだ。

今回のイタリア人の誘拐では、ガードマンたちがしばらく応戦したのだという。たまたま撃ち合いになったために「騒ぎ」となり、日本大使館にも報告が届いたのだ。しかし「通常」ガードマンたちは発砲せずに逃げる。誘拐があっても公にはならない。

沈黙。

そのなかで徐々に進行する病。

何かが変質してゆく。

――これも思い込みなのかな。

私にとって「こうあるべき」だと思うことと、彼らにとっての「正当性」。どちらも「思い込み」や、大きな流れの中で生じる「洗脳」、そういったものの食い違いなのかもしれない。

ただ――

一本、また一本、糸が切れてゆくように、共有するものが消えていったとしたら、万を超える人間をつなげてきた「ストーリー」が消滅する。人は、仮に同じ言語を使っていても、何も通じなくなる。

そんなとき、信じられるものは何だろう。

ケニアでは「お金」のようだ。
「お金」の前では守るべき「公」もない。

いや、そもそも「公」なんて、彼らの感覚の中にはないのかもしれない。
血縁のストーリーがあれば、それで十分なのかもしれない。
「公」――国家なんて植民地支配の中で与えられた「都合」だ。
お金のほうが魅力的な「ストーリー」となったとしても、何の不思議もありはしない。

沈黙――お金――ストーリー。

ケニアの街の整然とした静けさが、一つのイメージになる。
急いで部屋に戻り、ノートを開いてメモを取ろうとした。
パラパラとノートをめくる。
突然、あるメモが目に飛び込んできた。

「日本人！」――キジト、なぜ。

その瞬間であった。

パタパタパタ……。

私の「視界にあるもの」がすべて、オセロゲームのように、白が黒に、黒が白に次々と反転してゆくのを感じた。

記憶が、印象が、思い込みが、私を私と感じていた感覚の多くが次々と裏返ってゆく。

まるでゆっくりとフィルムが逆回転をしてゆく様子を、椅子に座って見ているかのようだ。

手は自然とノートのページをめくり、散らかっているメモたちを追いかける。

雑然と並ぶ旅の思い出と印象。

それらが少しずつ歪んでいった。

検証インタビュー①

私の見た東アフリカ素描（1）

池亀氏がケニアで出会ったNGOの日本人女性
NPO「道普請人」プロジェクトマネージャー
岩村《いわむら》　由香《ゆか》

――アフリカに興味をもったきっかけは？

岩村　幼い頃から興味をもっていました。それこそ小学生ぐらいから。とにかくアフリカに行きたいと思っていたので、大学に行っても英語を専攻していました。

そもそもは「自分を犠牲にして人を助ける」……たとえば、マーティン・ルーサー・キング・ジュニアだとか、ネルソン・マンデラとか、マザー・テレサとか、そんな人に憧れていたんです。また、一九八〇年代から九〇年代は、日本のアフリカ支援が盛んでもあったので、さまざまなメディアからアフリカの貧困を伝える情報があふれていました。そういった影響もあったのだと思います。

とにかく単純にアフリカに行って、助けるんだ……。

高学年のときには、そんなことを夢見ていました。ツールとしての英語は必要だと思い、高校でも特に力を入れて学び、大学時代にはカナダに留学しました。そこで平和学などを研究しましたが、紛争解決よりも自分が専念したいのは貧困の解決かなと思いまして、そちらに軸足を置いた活動へと進んでゆくことにしました。

卒業後は――在外公館派遣員制度という、大使館で通訳や雑務などをする制度があって、それに申し込んだところウガンダに行くことになったんです。二〇〇八年の三月のことですね。そこで二年仕事をしました。

全然専門知識がなかったので、大使などにも勧めていただき、イギリスのマンチェスターの大学院に留学しました。そこで開発と貧困削減の関係性についての勉強をしました。一年学んだ後に、とにかくもう一度アフリカに行きたいと思い、ナイジェリアの日本大使館に行くことにしました。「草の根・人間の安全保障無償資金協力」という――現地で井戸を掘ったり、学校を建てたり、そんな外務省の支援（ODA）なのですが、ナイジェリアではその立案やモニタリングをしていました。ここで三年関わりましたね。

帰国後はしばらく日本にいました。今度はNGOへの参画の機会を探していたのですが、なかなか出会いがない。しかたなく英語の講師をしていたのですが――毎日アフリカに「戻りたい」と思い続けていました。

二年後、たまたま友人がケニアにいることを知り、現地に面白そうなNGOはないかと尋ねたところ、「あるよ」と教えてもらったのが、いま所属している「道普請人《みちぶしんびと》」でした。二〇一七年四月にケニアに行って、二〇一九年一月からはウガンダで活動をしています。

――幼い頃にイメージしていたアフリカと実際のアフリカに違いはあった?

岩村　幼い頃から目にしていたのは「元気のないアフリカ」――泣いていたり、飢餓で亡くなっていたり、そんなイメージでしたが、実際に現地に行ってみると、元気なんです。スラムでも生命力、バイタリティーを強く感じましたよ。あっという間にアフリカが好きになりました。

日本だと、食料も、車も、家も、家族も……と、とても満ち足りた生活があるにもかかわらず、それでも「満ち足りない」と感じている人は少なくないですよね。ケニア、ウガンダでは、マテリアル的には何も持ってなくても、なんだか目がキラキラしているんです。隣近所も助け合って、物々交換とかしながら――貧乏ながら逞しく生きてるっていう姿を見て「良いな」と思いました。

――特に東アフリカがいいなと思ったのはなぜ?

岩村　ナイジェリアに行ったときは、特に「ボコ・ハラム」というスンニ派の過激派組織が頻繁にテロ活動を行っていたんです。動くときも、警察とともに動き、防弾車に乗らなければだめだという制約もあったんです。それに比べると東のほうが「おしとやか」だったので。また西アフリカの国々は、大半の宗主国がフランスなので、英語を使えるとなると、東……治安もいいし、空気も自分にあっているように感じていたので。

――池亀氏の話では、ケニアでは組織的な犯罪があったと。

岩村　あくまでも私個人の感想として聞いてください。事実とは異なる可能性もありますので。基本的には現実だと思います。汚職撲滅キャンペーンというのが、かなり大々的に行われてはいますが、上からの改革なので、末端までには浸透していないですよ。組織的というよりは、組織の中にいる個人が、私腹を肥やすために手を貸している、というほうがリアルでしょう。自分の知る限りでも、そこら中賄賂は横行していますし……。警察による犯罪なんていうのも、日常茶飯事です。道を止められて、いちゃもんをつけて……。

でもルワンダでは汚職はほとんどありません。大統領が是正に相当力を入れたので。そういった指導者のいるところはいいのですが、逆にウガンダは、一九八六年からずっと同じ大統領、しかも軍政を敷いていますよね。そうなると汚職も横行しています。

ケニアもウガンダも、外国人に労働許可をあまり与えたくないと考えているんですよ。それは、外国から人が来て、自分たちから仕事を奪うんじゃないかと感じているからなんですが――まあ、そんな意識が手続き上の困難を生み、その困難さに汚職がからんでくると……なかなか根絶は難しいです。

またNGOもまちまちで、きちっと活動しているところもあれば、そうではないところもあります。アフリカではコネクションがなければ、正直、何もできないので。たとえば、われわれの道造りでも、土嚢を使った工法が適切だということを、わかってくれる役人に当たればいいのですが、そうでない場合は大変です。上の人を知っている……といったことでもなければ、なかなか前に進みません。

アフリカはほとんどが土道なんです。でも、そのインフラ整備のための予算など、中央から地方には下りてきません。ゼロ点数パーセントのお金でやりくりをして、なんとかコミュニティのアクセス道路を造っているのが現状です。役人には、「コミュニティのアクセス道路」の必要性を実感している人は少なく、また「自分たちのことは自分たちでする」というプライドもあって……そういった要素も障害にはなります。

なので、NGOだからだとか、中国人・日本人だからという特別感はなく、基本的には「仕事を奪いにきた外国人」という目で見られます。

――それは組織の問題？　それとも民族的な意識・文化の問題？

岩村　「自分だけは賄賂をもらわない」と誓っていても、まわりがそれをしていて、良い車などを買っているのを見れば、やはり手を染めてしまうと思うんですね。人間、生まれたときはまっさらなのでしょうが、まわりの環境というか、文化がそうさせてしまうんですよ。

これも私の主観として聞いていただきたいのですが……アフリカにはいくつもの部族があります。ネポティズムというのですが、自分の親族や、地縁、血縁を優先するという考え方が力をもっていることは確かです。そんな影響もあって地方まで公共サービスが行き届いていないんです。地方の細やかなことは、中央政府には判断できないので、県単位でそれは充実させなければいけないのですが、県は県で財政をもっていませんし、あってもネポティズムが働いてグランドデザインを描けない。そんな感覚が育たない。となればデータ一つ正確なものが手に入らない。こちらも事業計画を練ることが困難になる。そのあたりの問題は、本当に深刻です。

ただ、賄賂を含めて汚職の一切が整備され統制されているルワンダと、法が法として機能しないウガンダやケニアを比べて、どちらがよりアフリカ人の気質に合っているのかといえば、後者でしょう。ルワンダは仕事していても嫌な思いはしないのですが、監視がきつすぎてちょっと気持ち悪いんです。やはりアフリカなんだから……交通ルールなども、あってないようなもの。そんなカオス、あるいは自由、気まま、まとまらない、そういった点を無視するのは、それはそれで良くないとは思いますよ。なので、「文化の問題か」といわれれば、そうなのかもしれません。

――小説の中に出てくる「携帯」について、教えてもらえますか？

岩村　彼らにとって携帯を持っているということは、かなりのステイタスシンボルではあるんです。持っている人は、すごく嬉しそうにガラケーを扱っていますよ。それこそ宝物みたいに。

家の中の設備が完全でない人でも、携帯だけは大事にしているという人もいます。昼間にソーラーでためた電力を、夜に充電して使うとか。でも、携帯は彼らにとってとても大事なツールにもなっています。農民間のコミュニケーションをとり、決済もでき――アフリカにおける携帯の市場は、これからも大きく成長すると思いますよ。

――「日本料理のレストラン」という話も出てきましたが、需要は？

岩村　人気はありますよ。二〇〇八年にウガンダの首都カンパラに行ったときは、一軒もなかったのですが、去年行ってみると五軒もありました。そのうち一軒は、オーセンティックな日本料理店なんです。小説に出てくるのはこのお店のことですね。ウガンダではとても有名なお店なんですよ。主に富裕層や外国人が利用しているようです。他のお店は、韓国人やフィリピン人が経営していて、内容はかなり落ちるのですが……それでも人気は高いです。

二　叫び

ゆっくりと逆回転をしてゆく記憶のフィルム——まるで一昔前の「前衛映画」でも見ているようだ。

ノートのメモから声が聞こえてきた。

一番大きな音量を放っていたのは、あの言葉——。

「えっ日本人！」

南米でもアフリカでも出会った感嘆を伴った叫び。それを自分は——本音ではどう感じていたのだろう。

ほっとした。

嬉しかった。

日本人で良かった。

中国人でなくて良かった。

プライドか。

それに満足し、陶酔しているのか。

皮をむいてゆくと、感嘆の声の色が変わってゆく。
あれは――もしかしたら悲痛な叫びではなかったのか。

キジト。

ウガンダの雑然としていた風景が蘇る。

気がつくと声を出していた。


「アフリカ人が『芯が太い』だって？　僕はいったい何を勘違いしていたんだ」


違う。まったく違う。

「信じることができる誰か」

それが消えつつあるのだ。

国も、組織も、そう――「公」だなんて不信の象徴にしかならない。

お金も信用できなかったが、モノを言わないし偽物でない限り裏切らない。

国も銀行も関与しない「ガラケー」の中のお金であれば、少しはましな友達にもなれる。

ウガンダの「ガラケー」はそういう「友情」で結ばれているのだ。

ケニアでは「沈黙」がそうなのだろう。

南アフリカでは「白人と黒人の関係」が最後に残った共通言語となっていたのだ。


だったら南米で見た「闇」「暗さ」はなんだというのだ。

落っことしたストーリーというのはなんだ。


これも違う。

ストーリーをなくしたのではない。

彼らには「信じたいもの」があったのだ。それを強く信じて、でも失って――。


それに比べるとアフリカには、そんな感傷的なものがない。

信じたいだなんて弱さはない。

強いんだ。

とても強い。

「沈黙」とも友達になれるのだから。

アフリカ人が一つ一つの粒に見えてくる。
それらは集まっているが、つながってはいない。
一つ一つはキラキラ輝いている。
それがただ――併存している。

――大地溝帯のエネルギーが、それを可能にしているのかもしれない。

じゃあキジトは。
彼の「祖母」も、並んだ粒だったのか。
その粒を、彼は敬った。
そしてその粒は、たまたま日本を愛していた。
キジトは愛する粒が愛したものを、自分も無条件に愛したのかもしれない。

――いや、待てよ。

彼は英語で「祖母」と言ったのだ。

土着の「粒」ではなく、英語で「祖母」と言ったのだ。

彼の本来の思考に異国の概念が入り込み、粒ではなく、「祖母」として愛することを強要されたのだとすれば、あの「日本人！」は喜びでも感嘆でもない。

痛みを伴った——あるいはもう、痛みすら感じないほど傷ついた「叫び」なんじゃないのか。


——私は何を見てきたのだろう。


ノートの新しいページを開く。

思いをまとめるかのように——。

いつの間にか私はキジトに手紙を書き始めていた。

＊　＊　＊

キジト君。

ウガンダ滞在中はありがとう。

いまはケニアにいる。

ここにいて、ちょっと感じることもあって、それでなんとなく手紙を書こうかと思った。勝手に、日本を誇りに思っている老人のたわごとかもしれない。気が向いたら感じたことを教えてほしい。

君は日本人に興味をもっていたね。

そのこと自体には、日本人の一人として素直に感謝している。

感謝するがゆえに、何か——そう、日本人とは何かということを、僕なりの考えとしてお話したいと思っていた。だけど何一つ言葉にならなかった。お互いにお互いの言葉を知らないから、伝わらないと思っていたのだけど、振り返ってみればどうもそれが原因じゃないような気がしている。

だから手紙を書いてみた。

何から言うべきか、実はまだまとまっちゃいない。書いているうちに、見つかるかもしれないと思っている。

まずは僕の見ている日本の姿について話をしたい。

とても個人的な見方なので、すべての日本人が同じように考えているわけではない。そもそも「いま」の「どこ」を捉えるかによって見え方は変わる。

妻がいる。家がある。お金も困っていない。明日の食事も心配はない。水だってきれいだし、空気も悪くはない。なによりも明日、この環境を誰かに侵略されて奪われるという心配もない。簡単にいえば、自分のまわりを見ても何も困っていないんだ。

ただ同時に欲しいモノも、これといってない。個人的な感想ではなく、一九九二年頃からマネタリーベースを上げても、誰も買い物に行かなくなってしまったんだ。モノよりも心などと異口同音に唱えた時代もあったが、要は、より想像力をたくましくして、欲しいモノを考えだそうじゃないかという、スローガンにすぎなかった。

欲しいモノを一生懸命考えなければいけない。そうしないと今日一日すら回転しない。これはけっこう辛い。それほど人間は便利にはできてないからね。「こんなモノがあればな……」と誰でも簡単に思いつけるなら、人類の進歩なんてもっと極端に早く「近代」を迎えただろうし、いまごろとっくに滅んでいたかもしれない。

とにかくいま、日本人は辛いんだ。

だったら他の国を助けたり、地球上のさまざまな問題を解決するように努力したらいいのだけれど、キジト君、ここは逆に質問だ。

　地球上の問題って一体なんだ。

　二酸化炭素か。SDGs《エスディージーズ》（持続可能な開発目標）とかってやつか。それとも健康寿命。マイクロプラスチック。他の動物との共存。核廃棄や原発なんてのもそうなのかな。

　でもね、人間ってそんなことを考える生き物なのだろうか。

　どうもしっくりこない。お仕着せのようで。

　確かに異論を挟むこともないし、異論を挟めば「あなたは馬鹿か」だとか、ずいぶんひどい言われ方をするだろう。だけど――「意識が高い」というのは、奴隷とか家畜とか、いい栄養を与えられていることに、ぶうぶう鼻を鳴らして喜んでいる姿を、美化した言葉にすぎないとしか思えないんだ。


　なぜ？――だって、自然の豊かさの中に、人間もいるのだから。

　自然の一部である人間が、自然を守る。そんなことをルールまで作ってなんとかしようなんて、あまりにも滑稽――いや、寂しい。


　人間だって自然だ。

　なら、人間が、その内面を成長させ、自然の恵みを見直し、深く感謝することを思い出しさえすれば、それだけで自然は生き返るに違いない。

そんなふうに感じている僕だから、日本は辛い国なんだということしか、伝えられないんだろうね。ただ君と僕のわかり合えることは何だろうかと考えるとね、やっぱり……

＊　＊　＊

欧米的な近代化と書きかけてやめた。

誰かに覗かれているのではないかという気がしてノートを閉じる。

馬鹿馬鹿しくなってシャワーを浴びた。運良くシャワーは「ご機嫌」であった。

その晩、夢を見た。小学生だった頃の夢。

自分は同級生を束ね、先生を糾弾していた。

先生は顔を手で覆い、その場に座り込んでいた。

女の先生だ。

前に進み、自分は何かを叫んでいる。

とても怒っているようだった。

わめいている内容はよくわからない。
とにかく、何かをぶつけていた。

勝ち誇ったように近づく。
そして先生の髪を掴んで顔を引き上げた。
先生はそれでも手で顔を隠していた。
それを引き剥がす。

——母であった。

突然目が覚めた。
体中がびっしょりと汗で濡れている。
時計を見ると午前三時を少し回ったところだった。

——なんて夢を見たんだ。

独り言を言って、窓のそばに歩いていった。

カーテンを開く。ケニアの街は昼間と変わらぬ「沈黙」の中にあった。

この恐ろしい「沈黙」を見つめながらも、いま、自分がケニアにいることになんとなく安心をする。ソファに腰を下ろしてテーブルに足を投げ出す。

深いため息――。

自分はこの沈黙に何を感じたというのか。

これぐらいはっきりしているほうが、さばさばしているのではないのか。

そう、ここは「未来」だ。少なくとも日本人にとっては。

こういう「未来」に向かって、われわれが進んでいるのだ。

はっきりしない日本に帰ることのほうが、よっぽど薄気味悪い。

もう一度ベッドに潜り込んだ。

予想通り、一睡もできなかった。

* * *

朝食を済ませるといつものようにタクシーを呼んだ。

「どちらまで」

「近くに教会があるかな」

「聖モニカ大聖堂がありますけどね」

「そこでいい」

車は走り出した。ホテルが契約をしているのか、この運転手とは三度目であった。すっかり気安く話をするようになっている。

「旦那、本当は韓国人じゃないんですか」

「どうしてそう思う」

「だってケニアに来て、聖堂に行こうなんていう日本人は珍しいんでね」

「日本人にもキリスト教者はたくさんいるぞ」

「そりゃそうでしょうけど、ペンテコステ派は少ないでしょ」

「ペンテコステ派?」

運転手は説明を続けた。

ペンテコステ派という宗派のことが、このところ地元でも話題になっているのだという。ケニアには教会が多い。大統領の就任式にも聖書に手を置くのだから、キリスト教は国教という位置づけと考えても間違いはないだろう。ところが数年前、政府は教会の規制を始めた。

理由は伝道者の不正が目立ってきているからだ。

特に問題になっているのが、ペンテコステ派の教会であるのだとか。いつのころからかこの派は「主の教えに従って歩む者の多くは栄える」——という聖書の言葉を物質の栄えとして説くようになった。それを「繁栄の神学」というらしい。

「イエス・キリストを信じる者には、物質的な恵みを受ける正当な権利が与えられる」

このような教えにより、若者は早々に会社を辞め起業を目指すようになった。伝道者自身も教会を離れ、独自の宗教活動を始めるようになっている。しかも「神の指標」を物質主義に絞っているので、儲け主義に走っても、それはいつも「正当」なのだ。


運転手は熱弁をふるった。

一通り聞いてから、私は問うた。

「このあたりの教会でも、やっぱり黒人の先祖が宣教師を迫害している絵が飾られているのか」

「そうだね……きっとそうだ」

運転手は、あまり興味なさそうに、適当な返事をした。

私は続けて問うた。

「君は何を信仰しているのか」

「ペンテコステ派じゃないよ。ていうか、アフリカに本気でキリスト教を信じている者は少ない。あれは政府にとって便利なだけだ。なんてのかな……この国のシステムっていうのが、宗教とセットでやってきたんだ。だから国を治める人間には大事なんだろう。でも連中だって、本当の教えがどんな内容だったのかわからなくなってるのだと思うよ」

タクシーを降りる。

すぐに戻るから待っていてくれと言い残す。

さすがにここには銃を持った男はいない。

味もそっけもないこぢんまりした建物だった。扉を開く。中は真っ白なタイル張りで、病院か銭湯のようだ。真ん中に十字架が掲げられている。傍らまで行って見上げた。

「久しぶりだな……」

呟くように言った。

――まさかケニアに来て、これを見ることになるとは。

昨日の夢がまだ脳裏にこびりついている。

十字架のキリストは、素知らぬ顔でこちらを見下ろしている。

この素知らぬ顔がストーリーを生み、幾万の人類をつなぎとめている。


――ペンテコステ派……「繁栄の神学」か。


やはり現地に来てみないとわからないものだ。

ケニアの腐敗を、単に重度の拝金主義だとばかり思っていたが、それを「正当」にしてくれる教えがあるということを知る。

蜂に寄生する虫の写真を思い出した。図鑑か何かで見たことがある。


――まさにあれだな。


本来のキリスト教は、外側だけ残っていて中身はすり替わっている。

国を治めるシステムも、人間の生き方も、同じように残っているのは外側だけ。

中身はさしずめ「お金」ということか。

十字架の向こうに母の顔がぼんやりと浮かんだ。

あの人はカルヴァン派だった。

誰がいくら献金をしたのかを、教会の週報で明確に記すのが好きだった。

たくさん献金した人を、キリストが褒めてくれる——そんなことも言っていた。


——一緒だな。


幼い日に見た、母の怖い顔。

十字架に跪けと言われて嫌だと言った私を、そのまま蔵に閉じ込めたあのときの顔。

「聞きたいことは山ほどある。あんたにも、そしてあんたにも」

十字架と母を見つめながら呟いた。


ふと後ろを見ると、跪いて熱心に手を合わせ祈っている若者がいた。

なんとなくその姿に見入ってしまった。

青年は関係なく祈っていた。そして祈り終わるとこちらを見た。

「観光客？」

青年は英語で尋ねた。

そうだと答えると、真っ白な歯を見せて笑った。

「どこから来たの」

いつもの質問だ。日本だと答えると、目を大きくした。

「中国人じゃなくて良かったよ。奴らは祈りの邪魔だ。だけど、ここは観光客の来るところじゃない。祈らないなら出て行ってくれないか。それとも同じ教会なのかな」

「いや、僕は……」

言うべきかどうか迷った。

しかし、ここはしっかりと言ったほうが良いようにも思った。

十字架の向こうにある母の目が、試すようにこちらを見ている。

「僕は修験道だ」

「なんだそれは？」

青年は余計に目を大きくして、興味を示していた。

ただ、それが何かと尋ねられても、とても一言二言で説明できるものではない。簡単に、日本古来の宗教だと答えた。

「君の国にだってあるだろう。キリスト教はヨーロッパ人がもたらしたものだから、それ以前に信じていた神があるんじゃないのか」

ひょいっと青年は両手を広げて肩をすくめた。

「かもね。でも、知らないよ。僕には関係ない」

──関係がないだと。

いったいここはどうなってるんだ。

日本人は──日本人のこの私は──黒船にしたって、近代化にしたって、戦争にしたって、原爆にしたって、憲法にしたって──全部「面白くない」と思っているんだぞ。いまの世の中は歪んでいて、いや、歪められていて、大体の価値っていうのが欧米のお仕着せで囲まれていて、その価値観を認めさせられるよう組織的に「洗脳」っぽいことまでほどこされていて……。

この十字架を見るたびに、そう思って嫌な気分になっているんだ。

そんな思いが、自分の腹の中に鬼を飼う。

昨日夢を見て、それで鬼が暴れだしたから、「母親の顔」を見てやろうとここにやってきた──十字架もずいぶん進化したもんだ。

本質を乗っ取られた「キリスト教」は拝金主義を正当化するのか。こんな青年にまで、「過去を知らない」「関係ない」と言わせている。

──母さん、あんた……。

頭の中でさまざまな思いと記憶がぶつかり合っている。

青年はにこりと笑って「じゃあ」と手を振った。

「待ってくれ。ちょっと教えてほしいんだ」

迷惑そうな顔をせず、青年は立ち止まった。

「ウガンダである青年に会った。彼はとても日本に興味をもっていたのだが、いったい何に興味をもったのかわからない。思いつくことがあれば教えてくれないかな。同じアフリカ人の青年として」

再び青年は肩をすくめた。

「わからないよ。同じ青年として……なんて、ここじゃ誰もそんなこと考えたこともないし。ただ……ウガンダって言ってたね。ウガンダはペンテコステ派の信者が多い。宗教をもたない中国人や、身勝手なアメリカ人に比べると、日本人は人に寄り添う。それでいてお金持ちが多い。祝福されているような気がするってところじゃないのかな」


タクシーに戻った。

思ったよりも遅かったので、あと五分経っても出てこなかったら警察に電話するところだったと運転手は言った。

「すまない。話し込んでたのさ」

「牧師さんと?・」

「いや、青年と」

ふうん——となんとなくわかったような顔で運転手は首を傾げた。

「で、次はどこに」

「ホテルに戻る」

車は来た道を真っすぐに戻っていった。

＊　＊　＊

「なんてひどいことをするんだ」

部屋に戻るとそのままベッドに横たわり、わけもなくそう言って天井を見た。

オリジンがわからない。

自分には関係ない。

それでいて、青年はさわやかに笑っている。

キジトに書こうとした「共通点」——あのときは言葉にならなかったが、いまは明確に言えるような気がする。

「私たちは——何かを書き換えられた」

しかし、キジトにそれを言って、さっきの青年と同じ反応が戻ってくればどうなる。まるで私一人が、時代遅れの、狭隘な考えにとりつかれた「道化」になってしまうのではないか。

そして母は笑う。

天井を見ながらつぶやいた。

「明日、ケニアを出よう」

検証インタビュー②

私の見た東アフリカ素描(2)

池亀氏がケニアで出会ったNGOの日本人女性
NPO「道普請人」プロジェクトマネージャー
岩村　由香

――「日本人!」と驚き喜ぶアフリカ人――それも実際の光景なのでしょうか。

岩村　相対的に見て、日本人は丁寧で、仕事も熱心。そのイメージはかなり定着しています。それに現地のタクシーもほとんどがトヨタなので、そういったところからくるリスペクトもあると思います。

私もタクシーに乗ると、最初は「ニイハオ」と声をかけてくるのですが、日本人だということがわかると、「オゥ! ジャパン! この車!」みたいに話し込んでくる――悪いイメージはもっていないようです。

また映画のイメージもあります。サムライだとか。「ケン・ワタナベ!」とかは、かなり有名です。ときどき「ブルース・リー」の名前も出てはきますが(笑)。漫画も好まれています。ハラキリを知っている人もいましたよ。派手なアクションを好む気質もあるので、そういった視点からも、興味があるのかもしれません。

私の場合、日本人だと言うと、必ず聞かれる質問があります。それは「連れて行ってくれ。仕事はあるかな」です。裕福なイメージも強いのでしょう。また、行ってみたいけれど、とても遠い国というイメージもあります。で、私が「行くのには二〇〇〇ドルほどかかる」と答えると、しょんぼりするんです。

――岩村さんであれば、「キジト君」に何を伝えるべきだったと思いますか。

岩村　アフリカはけっこう「出身」で将来が決まるんです。田舎の人はどこまでも田舎。貧困であれば貧困――日本も、アメリカも「状況を変えること」は可能ですよね。だからわれわれの感覚で「夢を持て！」なんてことは、なかなか言いにくいんです。どれだけ大志を抱いて、田舎から都会に出てきても、できることは本当に限られているので……。経済格差も都会と田舎では大きいし、田舎の中でも酋長の一家と、庶民とでは違う。一日キャッサバを売り歩いて、一〇〇円の収入なんていうのはざらですしね。小学校ですらドロップアウトする人も少なくありません。田舎で活動をしていて、いろんな人に会います。なかにはとても頭脳明晰な人もいて、「ああ、この人に機会があれば」とは思うのですが、資金力がなく――不用意にものを言えないというのは、悲しい現実です。

ウガンダといえば、衝撃的なことがありました。ここにもけっこう難民が入り込んできています。難民の人と話をしていたときのことなんですが、私は軽い気持ちで「何年難民キャンプにいるのですか」と尋ねたんです。二、三年くらいかなと思っていたのですが、返事は「二十年」。難民キャンプで結婚して、子供も生まれて――もうキャンプが故郷になっている感じだったんですよ。「ソマリアにはいつ帰るのか」とも尋ねたのですが、「一生帰れないかもしれない」と答える。

こういった話を聞くと言葉を選ぶようになります。とうてい「夢を持て」なんて言えません。

「キジト」の場合は、大学に行っている段階で、中流以上の経済レベルの若者だと思いますが――難しいですね。もっている背景、その一つ一つに違った意味が潜んでいるので、一概に「これを語れば良かったのではないか」という想像は……。

――ケニア国内でキリスト教は機能している？

岩村　していると思います。日曜日の朝に教会にお祈りに行く人が大多数で、おそらく九割くらいはキリスト教徒だと思っていいと思いますよ。讃美歌を歌ったりすることにも喜びを感じていて、宗教による結びつきの強い国だともいえるでしょう。

実際に宗教を話題にする人も少なからずいますし、私にも熱心に語ってきます。「お前は神を信じているか」――そう尋ねられて、仏教は先祖に手を合わせる傾向が強くて……なんて話をすると、けっこう驚かれますね。日本人によくある「無宗教」的な話をすると、考えられないと言い、「キリスト教徒になれ」と誘ってきたりもします。基本、ケニアでは、都会に住む人の大半はキリスト教で、あとは少数派としてイスラム教徒がいますね。

ただ田舎のほうはまだ民族宗教が残っています。珍しい儀式もあって……細かな違い、たとえば、お葬式のやりかたなどを見ていると、それこそ村ごとに違った宗教があるといってもいいくらいです。呪術的なものも生き残っていますし、罪を犯したものを罰する方法も、部族や村によってまったく違う……らしいんです。たとえば、ウガンダの場合、北部のほうの部族だと、殺人を犯した人に、苦い汁（何だかは知らないのですが）を飲ますのだとか。そういった風習は別の場所に行けばなかったり――そんな感じです。

――キリスト教も、国が変われば細かな部分は変化してゆくのではないかと思いますが、アフリカ的なキリスト教というのは、あるのでしょうか。

岩村　私は宗教という点においてはよくわかっていない部分もあるので、はっきりしたことはいえませんが……見る感じでは、あまり違いは感じません。ただ、キリスト教が幅広く信じられているので、教会の名前を使った募金が集まりやすいのは事実です。また、そこから不正が起きている場合もあります。たとえば神父や牧師が着服したとか……。NGOでも、キリスト教関係のところは少なくありません。そのほうがお金が集めやすいので。ただ、なかにはお金を集めるだけ集めておいて、何をしているのかわからないという組織もあります。

――アフリカにあって、日本にないものはなんでしょう。

岩村　コミュニケーションです。日本に帰ってくるたびにそれを感じます。たとえば電車に乗ると、ほとんどといっていいくらい、皆スマホに夢中になっています。確かにアフリカで携帯は珍重されていましたが、友人と一緒にいたり、家族と一緒にいたりするときは、会話をしようとします。でも日本にはそれがなくなりつつありますよね。年末に実家に戻って甥っ子に会ったりもしますが、彼はずっとスマホのゲームをしていて、話をしません。そんな光景はアフリカでは皆無です。とても悲しいことだと思います。

――日本に興味をもつアフリカ人、たとえば「キジト君」に、そのことを伝えるのはどうなんでしょう?

岩村　さあ……まあ、驚いてくれる話はいっぱいありますからね。電車が一分遅れれば張り紙が出る国だといえば、もう目が点といった感じですよ。向こうは二時間遅れても平気ですし。つまり時間に対する考え方がまったく違うんです。

コミュニケーションについても、もしかしたら考え方の根本が違うのかもしれません。スマホが普及した後でも、彼らがゲームに夢中になってコミュニケーションを置き去りにするなんていう光景は、想像できませんからね。

彼らが日本人をパンクチュアルだとか、シャイだとか感じているのも、もしかしたら根本的な違いを、別の角度から見ているからなのかもしれません。とにかくいえることは、アフリカではまだ日本のきちっとしたイメージが、定着していません。中国人との比較の上で、節度があり、大声も出さず……そんなレベルの認識なんですよ。ただ、日本の提案する案件は、現地の素材や、現地の人材にこだわるものが多いので、人も材料もすべてを自国から持ってくる中国の案件よりは、「良い」と感じてもらっているような気もします。ただ、これはまだまだ「現場レベル」のことで、アフリカ人に広く、日本を認識してもらっているということにはつながっていません。こういった案件に、もっともっと積極的に日本の企業が参画してくること――それが理解への近道ではないかなと、そんな気がします。

三　永遠の生

ホテルを出た。

空港へと向かう車の中で、またこの街を潜り抜けてゆく。

整然とした街。

暗闇の中の眼差し――。


フィルムの逆回転は思わぬところに飛び火していた。

キジトの眼差しに何か答えなくてはならないと、勝手な「責任感」を抱き、的外れな手紙を書いているうちに、なぜか見えてきた母――そして信仰。

ケニアで十字架を見ることに大きな意味があるのではないかと思ったが、教会は混沌としていた。信者の内面もよくわからなかった。いや、わかりすぎるほど単純明快であるだけに、わかりたくなかったのかもしれない。

ただ聖堂での会話を思い出しながら、また違った「後ろめたさ」が胸の上に降り積もっていた。私は言った「修験道だ」と。しかし――。

――私は山に嫌われている。

ヨルダンへと身体は進んでいるのに、頭の中を占めるのは、大峯山の「怒りの形相」であった。「怒り」――そう、あれは確かに怒りであった。

奈良県天川村。大峯山。

山上ヶ岳山頂に建つ、修験道の根本道場大峰山寺では、山開きにあたる「戸開式」が五月に、その扉を閉める「戸閉式」が九月に行われる。

二年前、「戸閉式」に参加しようとした。

別に突然の思いつきであったわけではない。勤めていた会社を早期退職してからのめり込んだのは、修験道の研究であった。最初は自宅近辺の箕面で学んだのだが、より深く学ぼうと足を向けたのが天川村であった。以来、百回ほど足を向けることになる。時間にして一〇年。修験道の世界を見つめれば見つめるほど、この国の民を育んできた心の源を見たような気になれた。没頭した。夢中であった。

これもエゴなのかもしれないが、徐々に目の前に見えてくる修験道の本質――それと照らし合わせると、いまの世がとてつもなく浅はかで、幼稚で、救いようのないものであるような気がするのであった。

「なんとか、この日本古来の心の在り方を、現代の社会に降り注げないものか」

そんなことも思うようになっていた。

そのためにはまず、多くの人に天川村を知ってもらわなければならないと思った。そこで広報、ＰＲ、各種の座談会など思いつくままに活動をした。もちろんすべてボランティアであった。苦しいこともあったが、それらをすべて「修業」と捉え、相当に頑張った。おかげで多くの村の人びととも知り合いになれた。龍泉寺とともに勾玉のガラスのお守りを作ったり、役行者のキャラクターを生み出したり――「楽しい」と思えるものが山ほどできた。そういう活動に行政も反応し、多額の予算を出してもくれるようになった。

しかし――。

村長の選挙が始まる頃、当然ながら現職の村長サイドからは「応援」を頼まれる。ところが対抗馬に立ったのが、偶然にも古い知り合い――かつて自分に力を貸してくれた、恩人ともいえる男であったのだ。「旧友を助けるつもりはないが、挨拶だけでも行っていいだろうか」と現職サイドに相談をしたが、それは止めてほしいとのことであった。さらに二人が会っている姿が一度でも見られれば、「今後われわれはあなたを『仲間』とは思わない」と言われてしまった。

――そんなことのためにこの村のＰＲをしてきたのではないのだが……。

さすがに悩んだ。悩んだ挙句、旧友に会うことにした。

彼は喜んでくれた。彼も私の立場を知っていただけに、選挙のことは何も言ってこなかった。単に互いを懐かしむ、そんな再会であった。

現職の村長サイドもこのことを知っていたのだろう。でも結局は何も言ってはこなかった。ただ、自分の中では「そろそろ終わりにしようか」という思いも芽生え始めていた。

そんな「終い」のつもりもあっての「戸閉式」の参加であった。

ところが――。

「戸閉式」は午前三時に山頂の本堂で行われる。

参加するためには宿坊に前の夜から泊まらなくてはならない。年齢のことを考えると、正面から登ってゆく自信がなかった。そこで、少しなだらかな別ルートを選ぶことにした。しかし、登り始めてしばらくすると急に天候が悪くなる。距離は大したことはなかったのだが、急激な雨のために道が所々崩れている。このまま進めば帰り道はない。進んだところでたどり着ける保証はない。

不動明王　砂本吉成 作

――死んでしまうのではないか。

そんな思いがふと過《よぎ》る。

一人で来たことを後悔もした。

「ええい！　かまうか！」己を鼓舞し、恐怖心を振り切って登り続ける。

夕刻にはなんとか宿坊にたどり着いた。

早々に食事をして眠ったのだが、今度は猛烈な腹痛で目が覚めた。薬も飲んでみたが治まらない。立ち上がることすらできなかった。

結局、「戸閉式」には参加できなかった。

式が済み、皆が下山してくる。知り合いがいて、私を見つけると「どうしたのか」と声をかけてきた。事情を話したところ、なんとかしようと言って、手配してくれたのが「荷物用のトロッコ」であった。腹の痛みが消えてしまいそうなほど、緊張を与える乗り心地であったが、どうにかこうにか下山することができた。

これがいまのところ、天川村との「別れ」である。

間違いなく大峯山は私を拒んでいた。

怒りを伴っているようにも感じた。

いまだその「怒り」の意味はわからない。

少なくとも私は修験道を志し、そしてどこかで大きく道を外したのであろう。その結果、思いもよらない人の穢れの中に引っ張り込まれてしまった。それが何であるのかをじっくり反省しなければいけないのだが、いずれにせよ、現状は「破門」されたと感じている。

――なのに、自分は修験道だと……。

「繁栄の神学」として物質的富を物差しにするケニアで出会った若者は、過去の信仰を知らないと言った。その言葉にある種の恐れを覚え、自分は違うのだと伝えよう――いや、自分はそこまで拝金主義ではないと言い張り、穢れを払おうとする思いから言ってしまった虚言。その毒々しい厭らしさに寒気を覚える。

――いや、これが私なのかもしれない。

まるで終わりのない「松の廊下」にいるようだ。

母との折り合いが悪く、なんとか離れたい一心で大阪に向かい、仕事に没頭する。

そこでまた何かと戦い、殿中で刀を抜いて、無謀な突撃までやってみせたが、現実の大きさには抗しきれなかった。

そして会社を辞めて修験道に。再戦の準備だったのかもしれない。

しかし山も追われ……南半球に足を運び、いまここにいる。

再び心の中の「刀」が鯉口を切りそうになっている。

――殿中でござる！　……かな。

＊　＊　＊

オセロはまだ反転を続けていた。

ゆっくりと。いったいどこまで遡ってゆくのか。

母の顔が夢に出た瞬間、もう止まってくれるのではないかと思った。それでも反転が続くのなら、大きなギアにつっかえ棒を差し込んで、無理にでも止めたいと強く念じてもいた。

しかし、めきめきと音を立てて棒は砕かれてゆく。

さらに向こうにある時間の領域――私の過去に向かって。

天川より前――現役で仕事をしていた時代のことが鮮明に見えてきた。
私は鹿島建設という巨大な組織の中に身を置いていた。
仕事は楽しかった。
会社を愛していたのかといえば、そうかもしれない。
ただ、そもそもの入社の動機を思い起こせば、多少塩梅が違ってくる。

ネクタイを締めたくない。
ダム建設の現場のような、閉ざされた空間で懸命に一つのものを組み立てていきたい。
そうやって社会の役に立ちたい。
地元にあった国立大学の土木工学科で学んでいた私は、素朴にそう思ったのだった。

土木工学に行くのも、建設会社を目指すことも、親にはまったく相談をせずに決めたことであった。母は下宿している私に、何度も手紙を寄越した。文面はいたって当たり障りのないもので、気候のことや健康への気遣いや、それこそ絵に描いたような「母の手紙」であった。しかし父からはまったく別の話を聞いていた。

「お前が勝手に土木工学などという道を選んだことに、母さんは心から悲しみ、毎日泣いている」

当時、それをどう感じていたのかはもうわからない。
時間が経ったいま、思い出せたとしてもほとんどが「虚構」であろう。
ただなんとなくの印象がある。
内心どこかで「いい気味だ」と思っていたのかもしれない。
とにかく母の拒む道であれば、余計に進みたくなった。
そうすることで「距離」を築くことが、自分を救う道だと感じていた。

もちろん、それだけではない。
高校時代に親しい友人がいた。彼とよく将来の夢を語り合った。
「自分たちのような人間は、いまの日本社会には適応しにくいのだろうな」
そう判断していることが、二人の共通点であった。
彼は「船乗りになりたい」と言っていた。
ようやく出会えた「本音で語れる友」であった。
できれば彼の道の傍らをともに走りたいと思っていたが、自分は目が悪い。船乗りは

「無理な相談」であった。

じゃあどうする——そこで想像したのが、「ダムの建設現場」のイメージであった。

神戸商船大に行く友。

私は山口大学の土木工学科を志望した。

大学の一年目は教養課程。山口市内で学ぶので実家から通っていた。

「まずは身体を鍛えないといけないな」

そう思った私はバスケットボール部に入った。かなり厳しい部であったがなんとか頑張ってかじりついていった。

そこでも友人ができた。

米子東高校——バスケットボールの強豪校で有名であったが、そこのキャプテンをしていたという教育学部の学生であった。

彼ともよく話した。

彼がよく口にしたのは「死とは何だろう」であった。

変わったことを考える男だと思っていたが、新鮮でもあり、聞き入るうちに自分も

「死」について、これまで考えてもみなかった方向から見つめるようになっていった。

二年目からは土木工学の専攻ということで、私は宇部市に移動することになっていた。いよいよ下宿する。実家を離れる。浮かれていたとは言いにくいが、少しさばさばした気分で一年の最後の時期を過ごしていた。

バスケットボール部の春合宿。

この合宿が終わればそのまま宇部に。

しばし友とも別れることになるが――。

合宿の間、多少ノスタルジックな思いを抱きながら、いつものように友と語り合っていた。

相変わらず彼はまた「死」について話す。

「生きることも死ぬことも、不変の一本道の上にあるのなら、死は道の色やまわりの風景が変わる程度のことなのかもしれない。だったら、いろんなことを無理やり飲み込み、ぶくぶくと腹を膨らませ続けて生きることに、なぜ固執しなければいけないのだろう。少し早く生まれていれば僕らだってこうはしていなかったろう。ゼロ戦に乗ってとっとと死んでいたんじゃないのか。でも彼らは死に向かいながら、そうすることが正しいと思っていたんだろ。それはそれで、恵まれたことだったといえる。現に彼らの死は世の表情を変えた。でも、僕らは生き残り、生きることが使命となった。彼らのぶんも生きろなどと言われてね。でも懸命に生きた先に、どんな死が与えられるんだろう。僕らの死は、はたして世の表情を変えるのか。そんなことは想像できない。同じ命なのにね。勝手なもんさ」

自分には何も答えようがなかった。

なんとなくぼんやりと、母が跪けと言った十字架が心の中に浮かんだ。

付け焼刃の言葉を口にする。

「かといって自殺は、選択肢に入れるべきではないだろう」

「君はキリスト教者か」

思わず友の顔を見た。

滅相もないと言いたかった。

友は遮るように言った。

「僕はね――やっぱり日本人なんだよ」

合宿を終え、下宿に向かう。

ゆっくりと寝た次の朝、報せが届いた。

友人は自殺した。

私の通っていた中学の傍らを走る列車に飛び込んだとのことであった。

遺書を残していたそうだ。

ただ、友人の兄は見せられないと言っていた。

教えてくれたのは一文のみ。

「死をもって永遠の生とす」

＊　＊　＊

これが下宿生活で一人になる起点であった。

本当に一人になってしまったような気がした。

「一人になることを望む」――それがそんなに罪深いことであったのかと問いたくなるほど、孤独なスタートであった。

最初はぽっかりと空いた心との葛藤であったが、そのうちにそれが言い訳となってぼんやりと時間だけが過ぎてゆくようになった。

世の中は高度経済成長で、建設関係は絶好調であった。われわれ学科生二十五名も職にあぶれるという心配はなかった。会社を選択すれば、そこに入れる。そんな状況だった。問題は「選択権」を得られるかどうかであった。学生同士、志望がぶつかったとき、両者の成績のトータルが一点でも高い方に権利が与えられる。それが絶対の規則であった。

大成建設にするか——理由は「大きな会社」。それだけであった。

友達のなかで受けたいという者がいた。

一緒に事務室に行って成績を確認すると、自分のほうが一点上であった。

そこで「晴れて」教授に志望を告げたのだが、教授はしぶった。

「やめといたほうがいい」

「どうしてですか？」

理由を聞いて驚いた。教授たちは皆、私が大学に残って研究を続けるものと考えていたのであった。

「君は大学だろ」


——まさか、自分はダムを造りたいんだ！


「就職したいんです！」

食い下がると、先生は「大成建設は推薦をくれとは言ってきていない。だから僕たちは力になれないから、受けたところで通るとは限らん。だったら鹿島建設はどうだね。志望者もおらんし」と言った。

鹿島建設——聞いたこともなかった。

「それって……大きな会社ですか」

「大きいよ」

そう言って教授は笑った。

ちなみに一点差で大成建設を断念した友人は、その後国家公務員試験に合格し、順調に出世をしていった。

そして新しい法律によって「罪」が生み出され、逮捕された。

罪状は「官庁談合」であった。

さて、私は鹿島建設に入社することになった。

同時に山口を離れ大阪に移る。

なんだか不思議な気分だった。

人間というのは、因縁のあるところばかりに、結びつけられていくものなのかもしれない。

――大阪で建設業か……。

母方の先祖、藤田伝三郎ゆかりの地、大阪。もう知る人も少ないかもしれないが、JR京橋駅の近くに残る太閤園は、藤田伝三郎の自宅の跡である。隆盛期の面影としては、隣接しているかつての蔵＝藤田美術館くらいであろうか。

日本最初の鉄道工事。その一つ大阪―京都間を請け負った人物。井上馨の設立した商社「大阪先収会社」の頭取に任命された人物。西南戦争を契機に軍靴をはじめ、陸軍の御用達となった人物。大阪湾の整備、鉱山の開発のほか、大阪商法会議所の設立に尽力し、大阪紡績会社の頭取、阪堺鉄道の設立――そしてマンモスゼネコンを創立した人物。

土木に行くことも、大阪に行くことも、全部一人で決めてきたはずだが、祖母や母の誇り――その血の匂いの傍らで、自分も建設をすることになってしまった。因縁といわざるを得ない。

――いまに見ていろ。こんな因縁……ゼロにしてやる。

心の中の「刀」をすらりと抜いた。そのきらめきに多少の陶酔も覚えた。若さだったといえるのかもしれない。

配属先は土木設計課であった。この時代、大体の設計は役所がするので、この課における実際の仕事は少ない。つまり設計課は入社一年目の人間のための「教育の場」であった。ここで一年勉強し、それぞれの「現場」に散ってゆくのである。

一日も早く「現場」に行きたかった私だったが「まあ、最初の一年だけだ」と我慢していた。

ところが、一年経っても私だけが「残留」を命じられた。なぜだと首を傾げたが、会社の決めたことだから仕方がない。しかし、次の年もまた次の年も残された。

——いい加減にしてくれ！

直談判に踏み切った。理由を知って驚くことになる。

自分の直接の上司が、とても気に入ってくれていたので手放したくなかったのだという。それでも自分は「現場に行きたかったからこの会社に来た」という思いがある。上司とはそのまま喧嘩になった。口論の末、どうにかこうにか現場に向かうことができた。

喧嘩してまで手に入れた「現場」であったが、五年の開きは大きかった。特に高卒の猛者たちとの差はちっとやそっとの努力で埋められるものではなかった。それでも一生懸命――それしか自分には取り得はなかったのかもしれないが、なんとか食いついていった。

とにかく一歩でも前に。

刀は鞘に収まることなく、抜き身のまま、自分の目の前に立ちふさがる障壁を切り崩していった。それがどうしようもない膿だらけの闇へとつながっていることなど、このときは想像もしていなかった。

検証インタビュー③

天川村の実像(1)

池亀氏の天川村での活動を助けた人物
奈良県天川村森林政策課課長
豕瀬《いのせ》 充《みつる》

――生まれも育ちも天川？

豕瀬　そうです。先祖代々ですね。七百年くらいかな。それ以前はわかりません。伝え聞いているのは……南北朝の時代に、南朝とはずいぶん関わりをもっていたらしいですよ。

五十七年間続いた南北朝時代の、最初の十二年目、高師直らに吉野行宮が焼き払われた後、後村上天皇ら南朝一党は奈良の奥地へと分散して隠れ、現代風にいえばゲリラ戦を展開するようになります。そのころ天川村は、修験道の霊場でもある大峯山がありますから、情報の集積地でもあったわけですよ。なんせ、その時代にはまだ一般人が旅をするなんて風習はありません。諸国を歩いているのは、修験者――源義経も「安宅」ではそんな恰好をして登場しますが……まあ、ふらふらしていても修験者は怪しまれない。その修験者のターミナルの一つであるのが大峯山です。天川村は、いまでは想像もつきませんが、とても高度な「情報の集積地」だったのだと思います。その力で南朝の活動を、根底で支えていたのでしょう。

――天川村の一般の村人と、修験者とはどのような関わりをもっていたのでしょうか？

豕瀬　おっしゃる通り、天川に住んでいる人と修験者は違います。天川は修験者をサポートする場所、いわばステーションなので、基本的に修験者は「よその人」なんですよ。

――修験者のステーション……そうでない町との大きな違い。たとえば天川では「普通」だと思っていたのに、よそでは違うことって感じられますか？

豕瀬　ある程度大人になるまで、世間一般では神社で祝詞を唱えるのだということを、知らなかったんです。天川では祝詞も般若心経も唱えるので。家には仏壇もあれば、神棚もあり、裏庭にはお稲荷さんもある。それが普通だと思っていたんですよ。おそらくは明治以前は、このような在り方のほうが一般的であったのだとは思いますが……現代では神社に行って般若心経を唱えれば、まあ、皆さん変な目で見ますよね（笑）。

天河弁財天はいまでこそ神社ですが、昔はお寺。でも、いまでも本堂の中には弁財天が祀られています。弁財天は神さんじゃないでしょ。同様に熊野権現も祀られていますが、あれは阿弥陀如来。さらに吉野権現もあって、それは蔵王権現……インドに起源をもたない、日本独自の仏ですよね。それらを祀っているのが、神社である天河弁財天（笑）。

――都市生活者の間ではどんどんそういった宗教に対する感覚が薄くなっていると思いますが、天川ではそれが色濃く残っているということでしょうか？

豕瀬　宗教と捉えていないかもしれません。今日、十二月七日は実は「山の神」のお祭りがあったのですが――何ていうのか、そういったことがごく普通のことなので、あえて伝統だとか、文化だとか、宗教だとか、そういった区切りを感じてはいません。

宗教行事だけではなく、日々の生活の中での細々とした出来事……それを「地域」というのであれば、その「地域」をわれわれ一人ひとりが守っていかなければいけない、という使命感があるんですよ。具体的にいえば、お葬式とか。行けるのであれば、率先して参加し、手伝う。われわれの根底には「自分より先に死ぬ人は、上下関係なく、全部お葬式に出してあげよう」という思いが、自然に定着しているんですよ。

池亀さんは、こういったところを大変面白がってくれるのですが、そうあるべきだからそうしているのか、そうせざるを得ないからそうしているのかは、判然としません。どう考えても天川村は生きにくい場所ではありますし……不便ですしね。厳しい環境の中で人が生きていくのであれば、お互いがお互いを守り合わないと、生きていけませんからね。

――豕瀬さんたちのそういった意識は、今後も天川村では引き継がれていく？

豕瀬　それが難しいんです。過疎化は否めませんし……その要因もいろいろあります。なかでも大きいのは、高等学校が村にないということでしょう。中学を卒業すれば皆村を出ていきますから、天川の社会の中に高校生という世代が欠落しているんです。大雑把にいえば、子供から大人へとつなげるブリッジが、存在しないことになるんですね。中学生レベルの故郷に対する認識をもって外に出てしまうと、そりゃ暗くなってもコンビニがある都会のほうが魅力的に見えますよね。天川の夜なんて歩いても、鹿や猪くらいにしか出くわしませんし（笑）。高校を卒業した後、天川に戻ろうなんて気にはならんのですよ。

――豕瀬さんの場合はどうだったんでしょうか？　高校は村の外に行ったわけでしょ？

豕瀬　私も村を出て、奈良県内の高校に行きました。アイデンティティだとか、郷土愛だとかはそのときはなかったんですよ。卒業後はしばらく外で働いていたのですが、親父が強引に引き戻したんです。役場の試験を受けろってね。で、役場で働くことになったんです。そうだから今があって、地域振興だとかを真剣に日々考えるようになっているわけですよ。もし、あのとき親父がそうしていなかったら、僕も村を離れていたと思います。

ですので……いま思えば、親父は偉かったと思います。両親と同じ年代の親の大半は、そんなことを子供には言わなかった。その結果、大抵は二人暮らしで、八十代や九十代。とても不安な老後を送っているんです。

——天川に高校があれば解決するのでしょうか？　それとも、豕瀬さんのような親子関係が喪失してしまうほうが深刻なのでしょうか？

豕瀬　半々というところではないでしょうか。私の場合は、それこそ先祖からの由来があるので、幼い頃から叩き込まれてきたという面もあります。天川には、私の家のように、南朝にお仕えした家系というのがいくつか残っていて、年に一度、そういった家の人間が集まって、朝拝式などもやっていますから……特殊といえば特殊ですね。苗字も変わっているでしょ。これも南朝の頃にいただいたそうです。

ただ、自分のことを振り返ってみれば、役場で働くようになって三十八年です。三十八年もそこにいれば、どうしても村のことが好きになってきます。家の環境よりも、働くうちに感じた愛着のほうが、自分の中では強い。同じように——村で長く暮らすことが、天川へのアイデンティティを育むのであれば、やはり高校を置くべきだと思います。実際いま、天川に高校を呼ぼうという取り組みをやっているところです。奈良県が新たに公立高校をつくるとは、現実的ではないので私学を呼びたい。村にも統合によって廃校になった学校の校舎がいくつか残っていますから、場所の準備はある。ですが……それでもあまりうまくいってないんですよ。

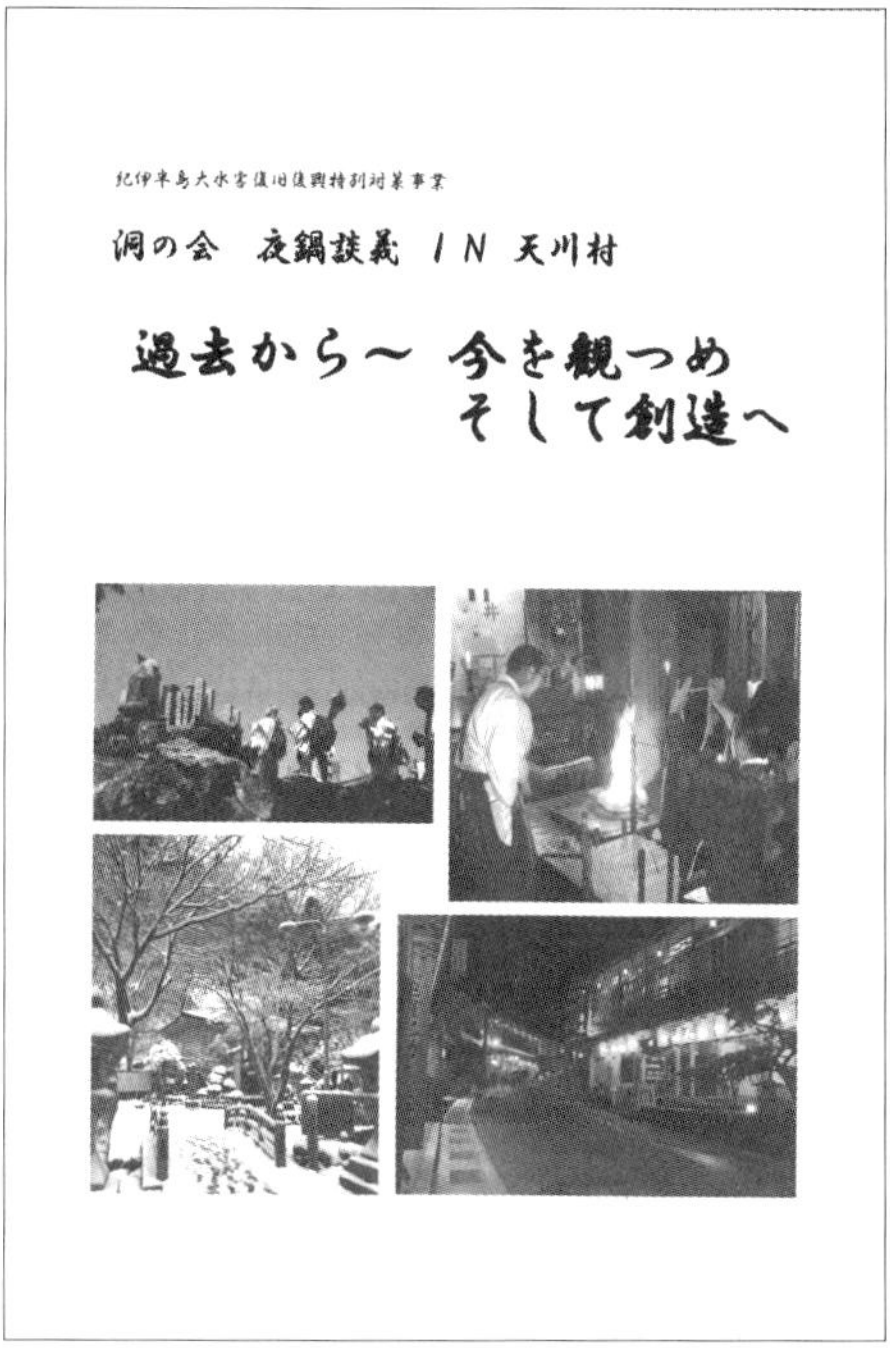

池亀氏の開いた「洞の会夜鍋談義 IN 天川村」
活動記録の表紙

四　摩耗

現場――。

最初は阪急淀川千里山線の鉄橋の工事であったが、突然仙台に向かえという辞令が下りる。宮城県沖地震の復旧工事の現場に急行せよとのことであった。この工事で、私は予想をはるかに上回る利益を生み出した。会社での評価はとても良かった。

評価といっても褒められたことではない。落札した仕事の金額は決まっている。現場の所長と工事を引き受ける下請けとの間で駆け引きが始まる。所長は利益を大きくしようと頑張る。下請けはその利益を吐き出させようと頑張る。そうやって現場の数字ができてくる。それを課長が受け取って、詳細にチェックをし、下請けにとってはより厳しい数字にしてゆく。所長のもってきた数字以上に、利益を上げたことが課長の評価となる。勤務評価はそれのみ。そんな世界だった。

宮城での高評価を得た頃に、大阪支社で二件、ダム工事を受注するという話が社員の間で噂になっていた。正式な受注ではなかったが、入札せずともこのダムの建設は鹿島が引き受けることはわかっていた。

談合——このシステムはかなり露骨であった。入札のときにはどの会社が落とすのかは、決まっている。各社は役所のＯＢを社内に雇う。そのＯＢたちが役所から情報を引き出して、あらかじめ落札する金額を決めてしまう。今回落札しない会社は、それよりも高めに数字を書いておく。

こういった数字を取りまとめるのが「談合屋」と呼ばれる社内の裏部隊であった。入札の実務責任者は談合屋から数字を聞き、それを入札に行く者に伝える。入札に行った者は、それをただ書くだけ。まるで戯れのようだが、まったくもって真剣な現場だった。ときには書き間違える者が出てくる。

なにせ伝達は証拠を残してはいけない。すべては口頭で伝えるのだから。

間違いのある場合は、入札を行っている役所の人間が「休憩」を入れる。急いで役所の人間が各社のＯＢに連絡を入れる。そして確認をして、予定通り落とすことが決まっている会社に落とす。

そんな茶番が毎日のように繰り返されていた。私が携わった案件だけでも、年間一兆二千億円。目のくらむような数字が動いていた。

さて——二つのダム建設は鹿島が行う。これは確実だった。ダム建設というのは、建設会社でも花形の仕事だ。多くの先輩層がこの「獲物」をものにする機会を、鵜の目鷹の目で探っていた。ところがどういうわけかずるずると計画が先送りされてゆく。そのうちに先輩たちも別の現場へと去っていった。

タイミングが良かったのだろう。

宮城での高評価と、ダム建設決定の時期が重なり、私が指名された。まさに「大抜擢」であった。

ダム現場の所長は温厚な人であったが、問題は次長であった。

京都大学の大学院を卒業した後、ずっと本社勤務を続け、現場は今回が初めてだという。そんな「温室育ち」——つまり何の役にも立たない人であった。またその部下たちも似たり寄ったりであった。そこで「ここは自分がしっかりしないと」と一念発起し、現場のすべてを私が取り仕切っていくことになった。

ダム建設の現場は巨大であった。それを工務主任代理という肩書で、すべてを切り盛りした。

自分でも驚くほどうまくいった。こればかりは「掛け値なし」で、素晴らしい仕事をしたといまも胸を張っていえる内容だった。本社の視察も、労働基準監督署のチェックも「素晴らしい」の一言。所長もその様子に舌を巻いていた。

だが、それに気がつかなかった。

しかし疲れは半端ではなかった。

こうなると仕事は面白い。

工事が始まって一年くらいしてからのことだった。

部下が一人、また一人と病気になっていった。

そして死人が出た。

その死を「適切に処理」していった。

日を追うごとに、どんどん手際良くなっていく。

感傷——そんなものは、すり切れてしまっていた。

そして十二月の休暇に入った。

私は実家の山口に戻りぼんやりと考えていた。
このままだと自分も病気になる。
でも仕事は辞めたくない。
振り子のようにこのことばかりを考えていた。
親からは「タバコの吸いすぎだ」と注意を受ける。
自分でも気がついていた。
日に六十本から八十本。
コーヒーを飲む量も、中毒といってよかった。
何かが壊れていた。

休みが明け、現場に向かうと——おかしい。
相手が言っていることはよくわかるのだが、返事ができない。
思っていることをまったく言葉にできない。
口が動かなくなっているのだ。
ノイローゼだった。

しかたなくいったん現場を離れることになった。

大阪市大の脳外科の先生に診てもらい、安定剤を処方された。

毎日怖かった。特に電車が恐ろしかった。いつ自殺してもおかしくなかった。

完全に治るまでに一年を要した。その間、現場には行くものの、ちょっとしたアクシデントが起きただけで混乱し、発狂しそうになる。そんなもう一人の「自分」との共存を余儀なくされた。

まわりの人びとのお蔭で徐々に落ち着いていった。

そしてダムの現場も終了した。

ちなみにこのダムは、行政の判断が甘かったため、結局は無用のものとなった。

現在はレジャー用の大型池として親しまれている。

さて――

病を克服した後になって感じた。

自分は明らかに変わっていた。

武装していた棘が抜け落ち、いつも抜き身で振り回していた刀がどこかに行ってしまった、そんな感じだった。

大らかになったというのかもしれない。

丸くなったといってもいい。

人当たりもソフトになった——おかげで次の現場も、その次の現場もうまくこなしていけた。会社も発病前よりもいっそう、自分を高く評価し、信頼してくれるようになった。

ただ、本当は丸くなったわけではない。

見え方が変わったのだ。

現場だけでなく、人だけでなく、会社、社会、お金——そういったすべての流れを俯瞰するようになったというのが、正確な表現だろう。

そうするとはっきりと見えてきたことがあった。

——自分たちは、本当は必要ないものを造っているらしい。

もし世の中が「あるべき姿」のままであるなら、こんな仕事の取り方——どこの会社がどの工事を受け持つのかが、事前にわかっている……見せかけの公平さなんて、必要はないだろう。いい加減な工事をする企業もある。逆に一生懸命仕事をするところもある。下請けの作業員に至っては、どこもかしこも命がけだ。

仕上がりに対して監査が入る。

いろいろ文句も出てくる。

いい加減な工事をする会社ほど、そうなれば開き直って何もしない。


でも――

仕上がりなんてどうでもいいのだ。

談合というシステムが――いや、それを束ねる、とある会社のヘッドが、それでも仕事を回してゆくのだから。

官僚もそれを必要だと考えている。

そもそもは、終戦直後、建設現場での組同士の争いが激しく、警察でも止めることができなかった時代があったのだ。そのいざこざを丸く収めるために作られたのがこのシステムであったのだから。

――だったら技術って何なのだ。命がけの仕事、使命感なんてのは飾りか。

もしこの仕事が本当に必要なものを造っているのなら、談合なんてしなくても、するべき組織が施工することになるはずだ。

本当は不必要で、本当は嘘ばっかりだから、こんな方法で仕事ができてゆく。
大きなお金が右から左へと流れてゆく。
そして現場の人間が病気になってゆく。

自殺した友は——あのとき、とっくに気がついていたのかもしれない。

＊　＊　＊

——どうしてこんなことになるのだろう。

ケニアを離れた飛行機の窓から外を眺めつつ、自問自答する。
無情にもオセロは音をたてて裏返りを続けている。
止まる様子はない……。

「これが罪というものさ」

どこかから声が聞こえる。

また母の姿と十字架が見えた。


違う。

そんなことがあってたまるか。


私は大きな声を上げそうになった。

＊　＊　＊

皮肉なことに、組織の「真の姿」が見えてくるようになると、会社は私を組織の中枢に引きずり込んでゆくのだった。原動力となったのは、長年私を設計課に留めていた、かつての上司だった。

そのころすでに重役になれるかどうか、そんなところまで彼は昇りつめていた。

ただ、いま一歩というところで、どうも思うようにはなりそうになかった。

そこで成績を上げるために、「起死回生の課長」として私を抜擢したのであった。

起死回生――つまりは現場をいかに締めつけて利益を出させるのか。例の評価だ。それが以前よりも増して私に課せられただけである。

余計に醜い全貌が現実として姿を現す。

それをより醜く処理してゆく自分がいる。

そんな日々が続いた。

そのころのことだった。

無駄なものを造り、しかも、仕事の取り方にも問題がある――そんな状態を是正しなければならないと考えた人間が出てきた。京都大学の河田恵昭という教授と大阪ガスエネルギー・文化研究所の隅野哲郎であった。彼らは「土木学」という名目で、研究グループを立ち上げ、意見交換の場を設け、幾度もシンポジウムを開催し、社会に働きかけたのであった。

河田は言った。

「『土木学』が目指すものは、土木の仕事を通して、将来の夢につながるものであらねばならない」

将来の夢――この主張は、朧の中にいた自分には大きく響いた。

進んでこのミーティングに身を置いた。

見えてきたものは、埋もれてしまっていた理念であった。

参加者たちは言った。

「一人の人間として、自分の言葉で、自分のやっていること、関心、感動を語ってほしい」

「美意識を含めて、社会的関心をもったお仕事をしていただきたい」

「長く感動させてくれるものを造ってくれる技術を目指してほしい」

「技術屋にとって良いものではなく、世間常識に照らして良いものを造れば、皆が納得する」

そして、こういった議論に、われわれのような直接的な土木関係者が参加する様子を見て、ある人はこう言った。

「お金を振り回さず、知恵を携えてシビルの中に降りてこられたことに敬意を表します」

あらためて言うまでもないが、この仕事は官庁からの「お金」があるだけであった。

国民との意思疎通に欠けている。

要るのか要らないのか……誰にもわからないものを造る。

それに命を懸けている。

ダム建設現場での死——命の駆け引きの場が、走馬灯のように駆け巡る。

最初は——現場に出て半年目のことであった。

雨の降る日であった。

生コンクリート車が作業をしようとしたのだが、タイヤが地面に飲み込まれて動けなくなってしまった。そこで重機の担当者がブルドーザーで引っ張ってやることになった。生コンクリート車は無事引っ張り上げることができた。

現場には私の上司もいた。

彼は、ブルドーザーと生コンクリート車を結びつけているロープを外そうと、間に入ったのだが、どちらかの車が動いた。上司は頭を挟まれた。即死だった。

急いで救急車を呼んだが、救急隊員は死んでいることがわかると、そのまま帰ってしまった。自分たちの仕事ではないということだったのだろう。こちらはそうはいかない。

最終的には、現場の責任という鉄槌が社員に下される。ぼやぼやしていられない。しかたなく私は作業の責任者にトタン板を持ってこさせ、亡骸を事務所に運び込んだ。

しかた

「人間を運んでいる」という意識があったのかどうか——思い出せないほど、その行動は自然であり、必然であった。

ちなみに、この前夜、上司は奥さんから子供が生まれたという連絡を受けたばかりであった。

あるときは——

山を崩し、クラッシャーで岩を砕き、それをダムの中に入れてゆく作業をしていた。そのクラッシャーの中に、作業責任者が頭から落ちた。

作業員が私のところに駆けつける。

「事故だ！」

バイクで事故現場に駆けつける。機械の上に足が二本、逆立ちをした状態でV字のように開いている。急いで機械を止めさせた。作業員が抱きかかえて引きずり出した。

救急車が到着する。

「死んでいますか？　生きていますか？」

状況説明を求められる。

死んでいるとなれば、あのときと同様、救急車は運んでくれない。

また「現場」で死んだことが明確になれば、責任を問われる者が出てくる。

もっとも良い答えは何だろう。

私は反射的に答えていた。

「わかりません」

なんとか救急車は彼を乗せていってくれた。

正直、ほっとした。

だが――

その夜、事務所に社員を集め、状況の確認をしたところ、深刻な問題があることがわかった。落ちた男――彼はクラッシャーを動かしながら、そこにつっかえ棒を差し込んで岩を動かしていたのだそうだ。確かに、時折岩を動かさなければ、クラッシャーは上手く動かない。しかし規定では、そのたびに機械を止めることになっていた。動かしながらやる――それはとても危険な行為であった。

事故の直後、その男の部下が機転を利かして、そのつっかえ棒をどこかに捨てに行った。しかし捨ててはみたものの、事の重大さに寒さを覚えたのか、しばらくして彼は主任に報告したのだ。責任の所在は機械・電気の担当チーム。私とはまったく関係なかったが、主任というのがエリートで修羅場を知らない人であった。半ば震えながら私に縋った。

「どうしたらいいだろう」

一つ間違えれば刑事責任を問われる。

彼らだけではなく、所長も、会社も同様に。

しかたなく、私は主任と一緒になって、夜中まで話し合った。

――何を、どう隠すのか――。

そればかりを考えるために。

このときは別の問題も抱えていた。次の日に労働基準監督署の査察があったのだ。現場の現状を、「法規に基づいた状態」に戻しておかなければならない。

――今夜のうちになんとかしなければ。

時刻はすでに夜の九時を回っていた。私は飯場に寝泊まりしている作業員を叩き起こして整理をするように命じた。夜の作業など予定になかったので照明もない。危険な作業をさせた。しかし――躊躇する思いは微塵もなかった。

気持ちの悪いこともあった。

ダムの建設現場はとにかく広かった。村一つをつぶすような規模であったのだから。もちろん墓地もつぶしてしまう。それゆえに現場には、霊的な意識も漂う。

クラッシャーで命を落としたその現場で、今度はコンプレッサーから突如火が噴き出した。急いで火を消しにかかったが、なかなかはかどらない。このまま放って置くと山に火が移る。

またここでも、私は判断を迫られた。

消防車を呼ぶべきかどうか——。

できれば呼びたくない。

大事《おおごと》にしたくない。

これが「現場」の基本である。

とはいえ火が山に移れば社会問題になる。

そんな価値観で判断することに慣れてきている。

結局消防車を呼んだが、そこに人命なんて意識は、どこにもなかった。

さらに数日後、火事のあった場所より、少し高いところに穴を掘ることになった。岩盤に発破をかけることになる。

そのとき、大きな岩が一つ飛んでいって、隣で水路を工事している現場に落ちた。

鉄筋は大きく曲がってしまっていた。

水路の工事は別会社がしていた。幸いにして夕刻でもあり、人災にはならなかった。少しだけ残っている別の会社の工員に「明日朝までにきちっと直しておくので、黙っていてくれ」と頼み、修復の作業をすることになった。

しかし被害個所は意外に広かった。

残っているこちらの人間だけでは間に合わない。

そこで姫路で展開している同社の人間を呼び集め、夜を徹して「跡隠し」の工事をやったこともあった。

そういったことが続く場所――少し気にかかった。

現地の人に「どうしてこの場で事故が続くのだろう」と尋ねてみた。

すると「いや……あそこはね……」

山の神だとか、墓地だとか、そういったことは工事の前に徹底的に調べ、供養をすることにはなっていたが、ここだけは、それが抜けていたのだという。

「そんなことが関係するのか」

よほど日頃神経がピリピリしていたのか、気持ち悪い話に、少し安堵をおぼえた。段々感覚が麻痺してきていたのかもしれない。判断も、物事の軽重も、論理も、自分の中で狂い始めていた。

人命の軽さ——誰を守り、生かすかという「選択」は露骨だった。

擁壁を造っていたときのことだ。作業用のにわか作りの「道」を生コンクリート車が走ってゆく。道はまだ柔らかく、車の重みに耐えかねて崩れていった。生コンクリート車が崖から落ちそうになっている。いつも通り私のところに作業員がやってきた。

「どうしたらいいだろうか」

傾いた車から生コンクリートを排出させることはできない。坑道からブルドーザーを引っ張り出し、これに牽かせるしかない。そこまでの準備はした。しかし——誰も手伝おうとはしない。ブルドーザーの運転手、生コンクリート車の運転手……彼らの命の保証はない。

遠くから聞こえてくる。

――誰かがやれ！

エリート、上層部、皆見て見ぬふりだった。

もっと露骨だったのは――。

エリートの次長が「自分は発破の専門家だから」と勝手に設置を命じ、爆破させたことがあった。電気でつながっているはずなので、すべて爆発するか、一つも爆発しないかのどちらかなのだが……彼の生み出した結果は、「部分的に爆発した」というものだった。

私は開いた口が塞がらないまま次長に尋ねた。

「どうするんですか？」

次長は言った。

「外すしかないだろ」

絶句した。

五十×三十メートルの範囲に、いっぱい仕掛けてある。

電気の流れも不明瞭。しかもその上には岩が乗っている。

――いったい、誰が外すというのか……。

当然、この男はやらない。

結局私と、重機の社員と、発破の担当の三名で外すことになった。


まずは落ちてこないよう、頭上の岩を外さなければいけない。

重機の社員に専門家を呼んでもらってそれを崩す。

そして命がけの「爆弾処理」を続けてゆく。

完全に終えるのに四日を要した。

その間、現場に次長も、所長も来なかった。


命は軽かった。とても――。


下請けの親方との話を思い出す。

私と二人でいるときのことだった。

現場ではなく、また仕事でもない。

突然親方は作業員の一人をつかまえて、目の前にある川原に深さ一メートルの穴を掘れと命じた。

作業員は言われたままに掘った。

「できました」

　すると親方はこう命じた。

「埋めろ」

　さすがに作業員は怒った。しかし親方は笑って私のほうを見た。

「こいつらは、こういったもんなんですよ」

　言いつつ親方の目はどんよりとしていた。


　――こういったもの……。

　それでも人の役に立つものを造っているという思いがあれば、懸命になれるのかもしれない。使命感を覚えるのかもしれない。ましてや社会、国、さらには人類の進歩を、自分たちの手で一つずつ積み上げているのだと思えば、それも――。


　しかし……。

　役に立たないものを造っているのだとしたら。


「土木学」ミーティングの純粋な議論と、膿だらけの組織の中枢。

この両極に身を置く——それでも自分は平然としていられた。

人間というのはどこまでも傲慢にできているのだろう。
どこかでバランスが取れていたのかもしれない。
とても奇妙な形で。

検証インタビュー④

天川村の実像(2)

池亀氏の天川村での活動を助けた人物
奈良県天川村森林政策課課長
豖瀬 充

――豖瀬さんは、天川村のどういったところを愛しておられるのでしょうか？

豖瀬　いまから二百年ほど遡れば、日本の人口は三、四千万人程度だったでしょ。そんな人の少ない時代に、すでに全国の津々浦々に神社やお寺があり、それを大切にし、祀っていたわけでしょ。これ自体、すごいことです。また同時に、社寺（山里）と都市の立場が対等にあったことを意味している。そういった感覚で、日本という国が形づくられていた

――このイメージを忘れてはいけないと思うんですよ。

現代は都市への一極集中が進み、文化も宗教もそういったシステムの中で変質している。特に貨幣に対する感覚の変化は顕著ですよね。また都市生活は便利なので、それはそれで魅力的ではあるのでしょうが、でも軽便さが失わせるものも山ほどあります。食一つとっても、軽便さが健康を損なうように、理念も軽便さが健全さをむしばんでゆく。自然との共存の仕方、考え方、畏敬というものが消えている。日本人は「元来の感覚」に、もう一度向き合わなければいけないと思っています。そんな視点で天川を見るとき、そこには「元来の感覚」がまだ息づいている……そういったところを私は愛しています。

これは私たちにとって、あるいはかつての日本人にとってのスタンダードだったはずです。でも「それはもはや普通ではない。ならばその魅力と意味を、全国に向けて発信していかなければいけないのではないか」そう言って活動されたのが、池亀さんでした。確かにそうだなと思いました。現代の日本人も、それを知ることを欲しているんだろうなとも感じていたので。少なくとも「いまの生活が最高だ」と心の底から実感している人ばかりではないでしょうし。実際、天川にも「地域おこし協力隊」として、都会から若い人がやってきます。彼らの中には、都心で企業に勤めていた人もいます。まだ若いのに「仕事に疲れた」「いまの仕事を続けるのは、ちょっと違うんじゃないのか」と感じて会社を辞めて参加している。人間らしい生き方って何なのか——これを求めて田舎に足を向けるという感覚は、「元来の感覚」と向き合おうという姿勢そのものなんだと思います。

逆にわれわれの目で見て、いまの都会はどういう状況に見えるのかといえば——まあ、お祭りみたいですよね(笑)。それはもう、賑やかで楽しい。でも、毎日「ハレの日」であれば、そりゃ疲れるし、飽きて嫌気がさす。そんなところに住んでいたらしんどいと思いますよ。

——発信にもいろいろなベクトルがあると思うのですが、視覚的な要素が強いと思うんです。その可能性と限界についてはどのようにお考えですか?

豕瀬　発信の結果、天川に来た人が、そこで何を見るのか……それが重要だと思います。きちっとこの地に根づいたもの――それを「ほんまもん」というならば、ほんまもんを見てもらわないと意味がありませんよね。付け焼刃的・イベント的なものでは駄目でしょう。客におもねった施設を新たに造るなんてことは、考えるべきではない。

もちろん、みたらい渓谷の紅葉が綺麗だと感じてもらうのもいいでしょう。しかし、こんにゃく作りの上手いおばあさんのところで一緒に作ってみたとか、茶も米も自家製の茶粥を自分も作ってみたとか。そういった生活そのものと、五感をフルに使った出会いを楽しんでもらうべきなのかなと。となれば地道に、じっくり時間をかけなければいけない。言い換えれば、ちょっと来ただけで何かを知ってもらえるということなんて、あまりないんですよ。

――そういった意味でも、高校ができるのは意味があると。

豕瀬　ええ。村の若い子だけではなく、外部からも子供が来ますよね。その子は都心から来るかもしれない――要は「疲れる場所」からきて「元来の感覚」に向き合う機会を、多感なときに得られる。天川の高校では勉強だけではなく、地域の生活を体験するようなカリキュラムをぜひ組んでほしいと思っています。たとえば、鹿を獲ってきて皮をはぐといったことや、炭を焼くことなども学んでもいいのではないかと。また、修験道のことを教えてもいい。

山小屋とかの不便さは圧倒的です。電気もなければ水もない。そんな環境に三日もいれば、電気や水のありがたさが嫌というほどわかる。渇望の経験を、三年間ですが体験できれば、人材育成の上でもかなり意味があるものになると思うんです。

――村の暮らしを学ぶ……修験道もそこに含まれるのですか？

豕瀬　修験道というのは、もともとこの国にあった自然崇拝に、仏教、神仙道、道教などが融合して生まれた、日本オリジナルの宗教です。そして「教」ではなく、あくまでも「道」なんです。つまり、そこ自体に「教え」はなく、自分の努力で探す「道」なんですよ。教義も何もない。修行を重ねて自分で考える――そんな世界ですね。これはここでの学びとしては、価値があるものだと思います。

ただ、村の暮らしとの関係ということでいえば、歴史的に見て、村は受け手なので修験者はお客さん。彼らが来てくれることで成立する生業で、繁栄していた部分が大きい。大峯山と高野山が大きな存在ですが、その巡礼道に天川村があったので、お茶屋だとか宿屋だとか。まあ、宗教都市というのは、そういうもんではないでしょうか。耕地も狭く、当時は林業もなかったのでね。植林をして……という林業は、江戸時代に入ってから始まったんですよ。

――川を利用した物流はどうだったんでしょう？

豖瀬　天川の川は熊野のほうに流れていくんです。太平洋ですね。山一つ向こうの上川村とかの川は和歌山に流れる。だからあちらは林業が早くから発達していたんです。

――では、現代の基幹産業は？

豖瀬　観光ですよ（笑）。でも、さっきも言いましたように、観光ではほんまもんがあまり伝わらない。たとえば、私が天川のことを好きになったのは、長年働いたからですよね。ということは、発信の先にあるものは、観光ではなく、ここに住むこと。住んでもらうには、仕事が必要になるでしょ。私は森林政策の人間ですので、そこに、何らかのイノベーションを仕掛けたいと思っているんです。

もちろん観光産業を生業にしてもらうのもいいのですよ。現在、天川には年間六十万人の観光客が来ています。でも、仮にこれが倍になったとしても、それをフォローする従事者が、現在の倍になるわけではないでしょ。せいぜい一・二倍程度。でも林業を倍にしようとしたら、人は倍必要になるんです。林業は実業ですし、流行り廃りにあまり関係がないので、こういった産業で村の経済を支えることが理想的だと思うんです。

ただ、村民の中でも林業に従事する人口は極端な減少傾向にあります。私が三十八年前に役場に入った頃は、林業労働者は四百人近くいました。村の人口の五分の一というところですね。それが現在は専業者が十人。要因としては高齢化もありますし、木材の価格の問題もありますが、最大の問題は、伐ったら損をするということ。

林業は植林から始まります。植林するときは草刈りをするなど、多くの人手を必要としますが、四十数年待って後は伐るだけといういまは、大した人手は必要としません。これを伐って、また植林して……そのサイクルが守られれば、それこそサスティナブルな産業として続いてゆくのですが、伐ると損をするとなれば、誰も伐らないですよね。伐って、出材して、市場まで運んで売っても、その作業の経費が出ない。それほど木が安いんですよ。当然ですよね。たとえば都心の家で、木の柱がある家なんてありません。生活様式も、家に対する考え方も変わっている。子や孫のために家を建てるなんて誰も考えてはいません。三十年、四十年住めればいい――使い捨ての家屋が主流。そんな家に高級な木材は必要ないでしょ。

――その状況に、どんなイノベーションを？

豖瀬　密集したまま木を放っておくと、悪影響も出てくるんです。だんだん地盤が弱くなってくるんですよ。ある程度林床に光を入れてやらんといかんのです。放っておくと崩壊する。それを防ぐためには、間伐するしかない。でも、伐る人がいない。そこで税金が投入されるんです。造林の補助金という形で。それでもなかなか仕事になりにくい。

じゃあ、林業自体の将来はどうなるか。神社仏閣を解体修理をするときなどは、必要になりますよね。であれば、檜の大径木を育てておくとか……三百年くらいの長期プランですが（笑）。そういったことは必要になると思います。それと同時に、木を伐ること自体を仕事にできないかなと。しかも材木として売るのではなく、別の意味での伐採。たとえば、バイオマス利用のためとか、発電とか、お湯を沸かすだとか……天川温泉の風呂を焚くのに、バイオマスボイラーを使っていたりします。木を買い取って、薪にして売る。それは現状、林業自体の問題解決という意味では、まさに焼け石に水ではありますが、人をここに留める意味では効果はあるんです。これらの仕事に、もう少し補助を投入したりしながら整え、ここに住みたいという人のきちっとした仕事に成長させていきたいと思っているんです。

――池亀さんは現代の問題の多くに、キリスト教が関わっていると感じておられているようですが、「元来の感覚」＝日本古来の精神性にこだわっておられる豕瀬さんは、そのあたりをどのように思っておられるのですか？

豕瀬　ちょうど今朝、妻とも話をしていたのですが――「キリスト教はあまり良くない宗教だ」と（笑）。いやいや、日常の会話の言葉なので、生々しいのですが――「信仰としての」という意味ではなく、手段とか、装置として使われた過去があるという点についてです。世界征服の手段、有色人種を奴隷にするための手段として使われた時代があることは、歴史的な事実なので。それに対し、豊臣秀吉がキリスト教を禁止したのは、素晴らしい先見の明であったな、と。ですので、厳密にいえば「良くない」ではなく、「不幸な」宗教といったほうがいいかもしれません。

ポルトガル、スペイン、それにオランダもですが、あんな小さな国が、国力もないのにどうやって世界を侵略するに至ったのか。その力の多くは、装置としての「キリスト教」にあったと私は思っていますよ。

それに教化されなかった日本人は、以前から培ってきた宗教観もしっかりもっていたし、それゆえに謙虚で、勤勉であった。そういった姿勢が国を支え、当時の侵略から守ることができたんだと思うんです。その宗教観の根底には、仏教とともに、自然崇拝があったのでしょう。この国の自然崇拝の歴史をたどれば、一万五千年くらい前からあった――現代でも、この文脈の上に日本人は生きている。それゆえに、近代化が進んだ都市生活や、企業という組織の中での生活にどれほど馴染んでも、どこか苦しさがあって、救いを求めるように、田舎に向かう。それはとても自然な選択なんだと思います。

村にやってきた若者には、自然崇拝から自然との対話へと発展した、人間の感性の話をします。たとえば林業でも、檜の植林に適した場所と、杉の植林に適した場所がある。その理由を細かく科学的に分析して、説明することはできるのですが、昔の日本人はそんな知識がなくても、「どこに植えるべきか」はきちっと知っていた。これはまったく感性の問題だと思うんです。いわば自然との対話ですね。その歴史が長いからこそ、感じることも多いんだと思います。キリスト教の宗教学的な理論は人工的で――どこか現代の都市の姿に似ているような気がします。便利さ、合理性、あるいは資本主義や民主主義といった、世界共通の価値観の中で、おそらく傷ついていったのは、日本人らしい「寛容さ」なのかな……。天川の人間として、言いたいことは、このことだといってもいいと思っています。

五　事件

一九九四年——事件が起きた。

とても大きな事件であった。鹿島建設の談合の実態が、明るみに出たのだ。副社長の清山信二とともに、時の建設大臣・中村喜四郎も逮捕されたのである。中村喜四郎は「第二の角栄」といわれ、建設業界でも期待されていた若手議員。それだけに、逮捕後の余波は大きかった。

東京地検特捜部は、大阪支店にも「手入れ」にやってきた。このときはまだ、ここまでの事件として発展する前のことだった。東京本社の不正経理を掴んだという名目で、本社の経理部長はすでに逮捕されていた。経理サイドから全社を捜査し、談合の事実を抜き出そうとしていたのであった。

当日の朝、支店長は全幹部を集めて命じた。

「絶対に逆らうな」

緊張が走る。
捜査がどの部署をどの順番に来るのかはわかっていた。
さあ――次はわれわれの部署だ。
そのときだった。土木部の部長と次長が、姿を消してしまったのだ。
その次の責任者は私だった。
部署内は慌てふためいている。

――やれやれ……またか。

この場は自分が守るしかない。
腹をくくる間もなく事務官が四人入ってきた。
問答無用に書類を調べてゆく。
自分と事務課長二人を相手に、あれやこれやと尋ねられる。
彼らは無遠慮に私の机をかき回して、「これは要るか?」といちいち問い質す。
なんだか無性に腹が立った。
不機嫌極まりない声で答える。

「要るからあるんじゃないですか」

「なんだと?」

事務官は眉間に皺を寄せた。

それでも私は噛みついた。

「ちゃんと返してもらえるんでしょうね」

「当たり前だ。手続きさえすれば返す!」


ふと事務課長のほうを見ると、ポケットに入っていた金銭をはたき出されている。

——なんだっていうんだ。不正だか罪だか何だか知らんが、こいつらだって人の存在そのものを軽く見ている。現場のエリートとまったく同じじゃないか……。


そのうちに部長の秘書の女性が泣き始めた。

「どうした?」

私が彼女に尋ねると事務官が割って入った。

「部長の日程の過去のもんがない。どこにやったのかを尋ねている」

——あいつら……姿を消しただけではなく、持って出たな。

どいつもこいつも——しかし現実として見えているのは、泣いている女の子がいるだけだ。私はとぼけた顔をして事務官に言った。

「過去でしょ？　そんなもの……部長程度の日程が必要なんですか？」

「部長ともなればお偉いさんじゃないか。調べる必要がある」

「部長？　あの人が偉い？　あの人、役に立たない阿保ですよ」

「なんだと！」

事務官は支店長室で待っている検事に電話をした。

「池亀という課長が逆らっています！」

あれほど「逆らうな」と言われていたのに——。

いったい自分は何に反発していたのか。

漠然とした反発だった。特捜に対しても、「逆らうな」と命じる社の体質に対しても。

突然、ここ数年の苦々しい思いがこみ上げてきた。

談合を含め、どろどろの世界で仕事を取ってくる人間は、「裏」の担当として働いていた。しかしバブル経済という追い風を受けて、彼らはどんどん「権力」を掴むようになっていった。そしていつしか人事にまで口を挟むようになっていった。社内の人間はそれを恐れた。自然と、彼らに媚を売るようになっていった。

対照的に心ある技師たちは消えてゆく。

気がつくと、自分のまわりにも「人」はいなくなっていた。

私は彼らに跪きたくはなかった。

そうすることが、組織の中では有利に働くことはわかっている。

でも、どうしても……。

母と十字架。

幼い日の思いと、どことなく奇妙な合致を感じてもいた。

同じ部署にいる「裏」の人間には挨拶もしなかった。

状況としてはしかたないとは思いつつも、彼らが次々と越権してくることに我慢がならなかった。

もちろん、こんなことを続けていると、自分もいずれ飛ばされる。飛ばされること自体は苦ではないが、やはり面白くない。しかも「こいつらに」と思えば、余計に飲み込めないものがある。

――まるで……あの日のように、蔵に閉じ込められているようだ。

ちょうどそのころ、社内に新しい部署ができるという話を耳にした。「プロジェクト推進部」といった。

建築系の企画営業を提案する。

いかにもバブルの時代らしい部署だった。

自分と仲の良い人が、そこの部長となる――そんな話を耳にした。

その部長のもとに行ってお願いをした。

「自分も仲間に入れてほしい」

「は？　お前――現場専門のお前が？　何をしたいの？」

彼は目を丸くするばかりであったが、断る理由もないので人事異動はスムーズに行われた。

何をしたかったわけでもない。

ただ嫌なものから逃げただけだったのかもしれない。

しかし腹の中には、一本の刀が仕込まれていた。

せめて一太刀――。

機会を狙っていた。

そんなとき、課長を集めて「十年後の鹿島建設を考える」という会が社内で企画された。趣旨は明白であった。談合はやめるべきだと誰もが思っていた。要は談合をやめたときにどうなるか、それを考えようということであった。

皆で意見を集め、一週間くらいの時間を要して書類を作成した。

企画部の部長に提出したところ、彼はそれを受け取らないという。

受け取る・受け取らないで、私は二時間彼とにらみ合った。

――で結局こうなったか……。

部長との物別れ。

そのすぐ後に起こった「談合事件」。

気がつくと、バタバタと動き回る特捜部と社員の光景を、さまざまな思いとともにぼんやりと眺めていた。

その後は大変だった。

株価は暴落――鹿島建設は窮地に立たされた。

そこで名誉会長・石川六郎のもと、「回復」のための戦略が、本社では毎日のように話し合われているようであった。

われわれの意見書を受け取らないと言った部長が、手のひらを返したように、猫なで声で近寄ってくる。

「池亀君……あの話、ここにまとめてファックスしてくれないか?」

また、別の上司からも呼び出される。

「君たちの案だけど……ここに電話をしておいてくれないかな」

本社からの要請であった。

しばらくして――

石川六郎は業界代表として公表した。

「談合はやめた」と。

石川は知っていたのだろうか。
現場がどうなっているのか。
そこから競争原理に基づいて、利益を確保する方法とは何かということを。
馬鹿馬鹿しい。
彼が現場のメカニズムまで含めたことをなど、発想できるはずもないじゃないか。
私たちは尻ぬぐいまでさせられたのか……。

——嘘ばっかりじゃないか！

私は方々で叫んだ。
談合を専門でやっている「裏」の連中にも聞こえるように。
談合はあっという間に「回復」した。
その後、再び同様の事件が起きることで、ようやく消えた。

そして阪神・淡路大震災が起きた。

高速道路が倒れている。
ビルが倒れている。
駅舎が壊れている。
鉄道も歪んでいる。
家という家が崩れている。

「神戸」が消えた。
幻想や、憧れや、思い出とともに。

——死をもって永遠の生とす。

過去からこの瞬間まで生きて、考え、命を削って働いて——。
そんな「自分」すら幻想であり、何らかの憧れであり、思い出の集合体であったようで
力が抜けた。

神戸を「神戸」にしてきたその大半は、コンクリート建造物だったろう。

あざ笑うかのように技術屋の自負は打ち砕かれ、残ったのは国民からの不信のみであった。


――しかたないだろう……。


目の前で行われている、ＪＲ六甲道の復旧工事を見ていた。

高架が落ちた、あの有名な現場だ。

落ちた部分を持ち上げて、鉄筋を熱で伸ばして修復し、その上からコンクリートを流し込む――それで終わり。


阪急電車は地中を掘り、完全に造り直して、まるで巨大な寿司の「太巻き」でも作るかのような工事をしていた。それと比べると、いったいこれは何なのだ。

曲がった鉄筋を熱で伸ばすというＪＲの工事は、土木工学的には絶対にありえない粗末なものであった。国の威信をかけて、早期開通を目指す――その美辞麗句の裏側がこのありさまだった。

予定通り早期開通を果たしたＪＲは、強度確認の試験のために六車線を並走させた。運輸大臣であった亀井静香もそれに乗るという、大掛かりなセレモニーであった。

結果はどうだったのか。

マスコミに尋ねられると、ＪＲ側は「詳細は計器が故障してわからないが、まあ大丈夫でしょう」と答えた。

そんなはずはない。

それだけではない。

新幹線の鳥飼工区――。

かつてその傍らにわれわれの現場事務所があったことがある。

地盤が緩い場所であったため、新幹線が通るたびによく揺れていた。

――どうもここはおかしい。

そう思っていたが、案の定震災で高架が落ちた。

しかしそのことはあまり知られていない。

なぜなら、あの地震のとき、新幹線を京都で止め、この場所を一気に修復したからだ。

その性急さは尋常ではなかった。

「皆が気づく前に直せ！」
作業員たちは過労で死にそうだったという。

そして阪神高速だ。
あれは鉛直振動——上方向に強く突き上がって、バタンと倒れたのだ。
土木学会の調査団がすぐ調査に入った。
第一次報告書が出てきた。
私は実際にそれを見た。
そこには「鉛直振動があった」と記載されていた。
計測データもあった。
ところが第二次報告書には、それらの記載がすべて削除されていた。
なぜだ——。

役所の設計図は、すべて同じ基準を使っている。
その基準とは、土木学会本部の出すものであった。
そしてそこには水平振動しか想定されていない。
この基準——建設基準法とは異なるものである。

もし、このデータが公になれば、日本中、民間以外のすべての公的な建築物を、ゼロからやり直さなければならなくなる。

——だから消した……。

これが土木の実態——。
このとき、私の中の情念に火が灯った。

「鹿島建設は神戸復興に二十億円を寄付するべきだ！」

気がつくとそんなことを声にしていた。
無謀にも社内で高らかに声を上げ、そして運動にしていった。
膿の中で静かにしていた「内部」の人間が上げた声は、多くの人に影響を与えた。
運動自体も大きくなっていった。
経営陣もそれを無視できなくなっていったようであった。

そう——

このときもそうだった。
同じ夢を見た。

鹿島という名札のついた一つの人格を、追い詰めて支払いを請求した。
皆で取り囲み糾弾する。
その顔が振り向く。

——母！

それは自分の弱さなのだろうか。
心の中に芽吹く疑問が、運動を鈍くさせてゆく。
結局二十億は寄付されなかった。

数年後——私は早期退職することにした。

＊　＊　＊

飛行機はチュニジアに到着した。

フライトの間、隣に座ったビジネスマンと言葉を交わした。

彼も言った。――「日本人！」

刀を振り回していたら、ここにきてしまった。

命の重みを探している日本人だ。

そう言いたかったが、うまく説明もできそうにない。

かちりというシートベルトを外す音があちこちから聞こえてくる。

――さてと……。

私も立ち上がる。

チュニジアは午後三時を少し回った頃であった。

検証インタビュー⑤

社会矛盾と土木学会 (1)

池亀氏とともに「土木学会」活動FCCを運営したメンバー
株式会社社会システム総合研究所代表取締役
京都大学経営管理大学院経営研究センター特命教授
西田《にしだ》 純二《じゅんじ》

――土木学会当時はどちらに？

西田　阪急電鉄にいました。僕は阪急の中途採用の第一号だったんですよ。それまで阪急では、中途採用の制度がなかったんです。で、僕を入れてくれるために、わざわざ制度を作った？　そんな経緯があったんですよ。

――それ以前は？

西田　学生時代は京都大学で交通土木を学んでいました。父が新劇の俳優でもあったので、幼い頃から芸能界との距離が近かったこともあり、「ああ、こんな世界ではとうてい自分は生きていけない。もっと堅い仕事をしよう」――それが動機でしたね。そのまま大学院に残るという方向で考えていました。ところが父が亡くなるかもしれないということで、その道は断念しました。

卒業後は建設コンサルタント……道路の計画とか設計をする会社ですが、そこで六年働きました。その後は外資系のコンピュータ会社に移り、二年間、エンジニアとしてシステム開発をやりました。土木の世界はとても封建的で、階級社会でしたので、当時、会社を転々とするといった人間はいなかったんですが、ずいぶん変わり者として見られていました。

――どうして、建設コンサルタントの会社を辞められたのですか？

西田　その建設コンサルタントの会社は、いまでも関西で一番大きな規模を誇っています。環境としては問題なかったのですが……どの仕事も、大半はコンピュータでやっているんですよ。このまま続ければ、コンピュータを使っている時間が、自分の仕事人生の半分以上になってしまうんじゃないかと、ふと気になった。であれば、あくまでも道具としてのコンピュータ、その本質を一から勉強し直さないといけないんじゃないかなと思って、転職しました。しかも、外資系。土木業界は大変ドメスティックな世界なので、その真逆にある世界を選んだ――それが転職の経緯ですね。

実際は、数年仕事をしたら、戻ってこいという約束での転職でした。ただ、二年経ったときに、阪急から「こっちに来ないか?」という声掛けをいただいたんです。

当時の阪急にはルールがあって、どのセクションに配属されるとしても、まずは電車の運転や駅務から始めないといけないんです。鉄道の仕事は、上司と組織の判断を絶対とする場所なので、そういった意識をまずは叩き込む——現場で勝手に判断させない習慣を学ばせるために、必要なルールだったんだと思います。

しかし鉄道業があまり振るわなくなっていった。そこで流通だとか不動産といった他の仕事にブランチを伸ばそうと考えた。ところが、入社してすぐに「言われたことをまずやる」的な訓練を受けてきた人材では、この局面で役に立たないのではないか、と感じた当時の副社長が、中途採用の候補者を物色し始めたんでしょうね。

でもね、阪急はすでにがっちりとしたヒエラルキーをもった組織だったので、中途採用などしたら内部の圧力が強い。組合だとかなんだとか……しかも当時、大学卒は阪急の社員全体の一割を切っていました。大学卒だというだけで、内部での昇進も早い組織でもありました。特権階級だったといっても過言ではないでしょう。そんな環境の中に、外部から、大卒の人間を、中途で入れる——組織の人間にしてみれば、さっさと出て行ってほしいと思うでしょう。あの手この手で圧力をかけてくるのは、火を見るよりも明らかです。それに耐えられる人材——はたしているのか？　あるとき、副社長は京都大学の先生に尋ねました。教授は笑いながら「面白い男が一人いる」と言ったのだとか。それが僕のことだったんです。さっそく面接となりました。場所は一力茶屋。それが一軒目で、次は行ったこともないような、格式の高い料亭——「うちに来ないか？」と言われました。そのときは断りました。

それでも食いついてこられる。副社長は自分の夢を語り始め、「お前の夢を聞かせてくれ。どちらの夢が大きいか勝負しよう」と言い出したんです。僕も若かったのでね、この言葉にころっと(笑)。承諾しました。

阪急に入社して二年目に、大学の先輩であった、大阪ガスの隅野哲郎さんに再会したんです。彼からいろいろなことを学んでいるうちに、「河田恵昭という男がFCC(フォーラム・シビル・コスモス)というのを始める。そこで土木学=土木とは何かについて話し合うことになっている。君も参加しないか」と言われた。で、行ってみたら、そこに池亀さんがいたんです。

――FCCはその後、どのように展開したのでしょうか?

西田　土木はどうあるべきか――こういうことを考え出すと、面白いですよね。シンポジウムを何度も開催し、「どぼく・とおく」という冊子を発行するようになりました。

僕個人としては、そのシンポジウムの中で、談合について取り上げたいと発言したことがあります。談合といえば「悪」と捉えられていますが、そうとばかりもいえない面があると思うんです。歴史的に検証してゆくと、まだ日本の土木技術が十分育っていない頃は、どこの工区を、誰がどのようにやってゆくのかということを、皆で話し合って、一番

どぼく・とおく（1993年1月20日）

いい工事の仕方を見出していた。そんな役割ももっていたわけですよ。そういった談合の良い部分は残してゆかなければいけないのではないか。どこに発注しても、同じ成果が得られる——そう考える前提が間違っているのですからね。

ただ談合は談合として、独自の発展を遂げていきましたよね。談合屋も出てくるし、お金の差配もすべてやるようになる。そうすると悪い面も山ほど出てくる。社会的には糾弾される要素もたくさんありました。しかしその一面だけで本当に談合をなくしてしまっていいのか？　本当にそれで問題がないのか？　これを真剣に議論する必要があると思ったんです。

そこで、ＦＣＣの会合で「談合をテーマにしたシンポジウムをしたい」と言いました。

すると当時の大手建設会社からの支部長が「土木業界に談合という言葉はない！」と一喝されたんです。まあ、彼にしてみれば、あまりにもリアルな題材だったので、にこにこ笑いながら話し合うなんてことは、できなかったのでしょう。後で、あのときには立場上そう言わねばしかたなかった、と笑っておっしゃってましたが。

まあ、これは極端だったのかもしれませんが、FCCでの試みは「何が問題なのか」を冷静に抽出するというもので、とても楽しい会でした。夜の九時に集まって二時間ほど話し合い、その後ガード下で延々議論を続ける。深夜の一時、二時頃まで。

——他にはどんなことをテーマに？

西田　世の中的には、土木業界への糾弾が済むと、今度は公共事業そのものへの糾弾が始まったんですよ。元東京都知事の猪瀬直樹氏が道路公団民営化の議論が起きたときに、道路公団を激しく叩いた本を出したんです。読んでみると事実誤認も多かったのですが、鋭いところもありました。そこで「FCCに猪瀬直樹を呼ぼう」ということになったんです。猪瀬氏自身は「まさか土木学会から招かれるとは思わなかった。関西には面白い人間がいるもんだ」と快諾してくれました。それにしても会場は……目の前に阪神高速の関係者が、ずらっと並んでいる。その前で彼が話をする（笑）。あの光景は、忘れられませんね。

こんな勢いでＦＣＣは刺激的な活動を続けていったのですが、阪神・淡路大震災がきっかけになって、様変わりしていきました。リーダーの河田先生は防災の専門家で、後に神戸市の「人と防災未来センター」の館長を務めるような立場の人でしたので、当時から「震災のとりまとめ役」として認識されていました。そんな関係から震災の二、三か月後に、南カリフォルニア大学でシンポジウムを開催しようと、河田先生自身が言い出した。ロスは阪神・淡路大震災のちょうど一年前に、ノースリッジ地震に見舞われていたので、阪神・淡路大震災が、一年後どのようになるのかを知る上でも、現地で話を聞くのはとても有効だということで。確かにＦＣＣには、若い人も少なくなかったのですが、皆、それぞれの会社で中枢的な役割を果たしている人たちだったので、震災直後のごたごたのときは、それこそ大忙しでした。そんなタイミングで、一週間の旅程でシンポジウムを行う――誰もセットする人間はいません。そんななかですべてのセッティングをしたのが池亀さんでした。

で、ロスと神戸とを直接つないでのシンポジウムにしようということになったのですが、現代のような電子会議システムがなかったでしょ。ネットといってもメタル回線でつないでいた時代でしたので……。でもなんとかインターネットでつなぐ方向で頑張ったんです。

結果的にシンポジウム自体は成功し、とても楽しかったのですが……帰りの飛行機の中で、河田さんが池亀さんに「このシンポジウムを東京でやりたい。やってくれ」と言い出したそうなんです。そんなことはさすがに無理だと、実際に池亀さんは何度か断ったのですが……河田さんも言い出した以上、引っ込みがつかない。ぎくしゃくしている。そうこうしているうちに、河田さん、隅野さん、池亀さんがＦＣＣを引退することになった。後は私が引き継ぐことになったんです。五年ほどやりました。

――ＦＣＣで考察した、もっとも重要なポイントは何でしょう？

西田　土木業界というのは、土木工学系の発想に立つわけですが、その立ち位置から片足だけ、領域の外に踏み出して、一般社会の視点からも考えてみる。そうやって土木を中からも、外からも見直す――これがＦＣＣの役割だったんだと思います。

たとえば、阪急電鉄も高架工事などをします。もちろん地元説明などをするので、ゼネコンよりは、一般市民との意思疎通はあるといえるかもしれません。ただ、工事を進める現場に入ってしまえば、この工事が地元にどのような利便性をもたらすかとか、そういう意識は完全に消えてしまうんですよ。「とにかく造れ！」と。でも、土木はそうであってはいけません。なぜこれを造らないといけないのか。これがあったら、何ができるようになるのか。そういったことを、話し合っていかないと駄目な分野です。そのことを考え、語り合う場として、土木学会はとても有意義な場であったと思っています。

六　そして母

酒の匂いがまったくしない国――チュニジア。

カフェには水タバコの煙が漂う。

そのなかに並んでいる顔は、男、また男。

そんなカフェの中で、私は書きかけのメモや、キジトへの手紙といった、散らかりっぱなしの断片を読み直していた。

ふと目に留まったのは数少ないキジト自身の言葉――。

「祖母が日本を尊敬していた」

やはりこれが引っ掛かった。

――キジトは自分のオリジンとして、祖母を受け入れているのだな。

家族関係が幸福だったのか。
そういう国民性なのか。
それはわからない。

ウガンダにもケニアにも、キリスト教が入ったのは同じ過程——植民地支配のときであったと歴史は教える。つまり、ここのキリスト教は、社会機構の構築とともに浸透した宗教なのだ。この国の形を維持したい支配層は、国教として守ろうとする。

そういって良いのなら——概ねだが、いまは物質主義を信仰の軸に置こうとしている。それも支配者の意図なのだろうか。ペンテコステ派とケニア政府との対立関係を見れば、そうではないことになる。

ただ、ケニアで見たように、国家の不正義——「公」を捨て、「お金」に走るという現象を、ペンテコステ派に当てはめて考えると——キリスト教の本来の「教え」を捨て、「お金」に走る——そんな現象とも捉えることができるのではないだろうか。

談合と土木——膿の中にいた私には、その虚しさが痛いほどよくわかる。
命は、アフリカでも自発的に軽くなっているのかもしれない。

しかし、そんななかでもキジトは祖母を信じている。
彼にとって、命はまだ重いのだ。

——やはり彼には何かを言わなければ。

しかし言葉が出ない。
ねっとりとした汗が額に浮かぶ。
心の「刀」を抜いてみた。
刀は錆びていない。それどころか以前にも増して、冷たく光っている。
そこに映る私の顔。それがだんだん母に変わってゆく。

母。
やはり母。
思わず目を瞑った。
いや、これを克服せねば。

見るんだ。

しっかり見るんだ。

母はなぜあそこまで強硬に、私を十字架の前に跪かせようとしたのか。

敬虔な信者であるというその裏側に、どうしても彼女をそうさせる何かがあったのではないだろうか。

ことりっ、という音をたてて、またオセロが一つ、裏返る。

＊　＊　＊

私は幼い頃、山口市内に住んでいた。

母の実家が持っていた家を借りていた。

父は――すでに実家を戦争でなくしていた。

両親は満州から姉と生まれたばかりの私を連れて、ここに引き上げてきたのであった。

山口にアメリカ軍が駐留している小さな基地があった。

父はそこで仕事を始め、その後うまく立ち回って県庁で職を得ることができた。

県庁での仕事は工場誘致であった。

そのころまで山口県の中心的な産業は下関の漁業であったが、徳山や岩国に石油コンビナートをもってくることになる。父はその最前線にいて、ほぼ毎晩接待に明け暮れていた。本音をいえば、家に帰りたくなかったのかもしれない。夫婦仲も特別良かったわけではない。しかも母の実家――やりにくかったのだろう。

母には三人の兄がいた。

一番上は京都大学農学部を出たエリートであった。この人の引きで、父は県庁に入ることができたようであったが、その一家が隣に住んでいた。これも父にはやりにくかったのかもしれない。

二人目の兄も大学を出たが、兵隊にとられ中国に行き、そこで怪我をして除隊。しかし再び招集され、広島に。そこで被爆した。その後仕事はうまく回っていた。ときどき家族を連れて自慢話をしにやってくる。これも面倒だったろう。

三人目の兄。この人は少し恰好の良い人であった。職業軍人となり、シンガポールに行き、右腕を失った。帰国はできたのだが、すぐに肺結核になって死んだ。

この「三番目の兄」に私が似ているといって、祖母は可愛がってくれた。

祖母。この人こそが「大変な人」だった。

大阪で成功をした豪商・男爵藤田伝三郎の血を引いていた。

伝三郎の姉田鶴《たづ》の孫、福。それが祖母であった。

血筋の関係から、祖母は幼い頃大阪で過ごしていたという。中之島高等女学校に通い、そこでキリスト教に出会い、洗礼を受けた。

戦後、進駐軍が日本のキリスト教化を計画したとき、祖母はそれを手伝うことになった。彼女の尽力の結果、プロテスタント系の教会を建て、併設の幼稚園もできた。幼稚園に日系二世のシスターが赴任していたのだが、その人の面倒も自宅で見るほど、祖母は深く関与し続けていた。

姉も私もその幼稚園に通うことになった。

そもそも幼稚園に通うということ自体が、ずいぶん恵まれた環境であったのだが、私は関係なく、ごく普通に近所の子供と一緒になって遊んでいた。母はそれをずいぶん嫌がっていた。

幼稚園に行くことで近所の子供たちと一緒に遊ぶ時間がなくなっていった。

私はそれを不満に思っていたのだろう。

そんなある日、シスターが私にこう言ったのだ。

「十字架を見なさい。この人は人間のすべての罪を負って、磔になったのです。この前で

祈りなさい。手を合わせて跪きなさい。あなたも罪人なのです」


幼い記憶ではあるが、鮮明に覚えている。

全身に何かが走ったのだ。


「嫌だ！」


私は激しく抵抗した。そして帰るなり母に言った。

「もう幼稚園には行きたくない」

母は激怒した。

そして私をそのまま蔵に閉じ込めたのだった。


何がそんなに嫌だったのか。

幼い胸の内で何度も考え直した。

どの「嫌」も、形らしい形をしていない。

ぼんやりとしていた。

でも、全部嫌だった。

キリスト教そのものを、当時理解しているはずはなかった。

ただ、キリスト教信者であることの「選民的」な匂いがたまらなく嫌だった。

どういうわけか、祖母の福よりも、母のほうが「藤田家」を意識しているようだった。そんな母の目からすれば、「そのへんの子供」と遊ぶ自分を、どこかで目覚めさせなければいけないと感じていたのかもしれない。私は私で、そう思われていることを、本能的に嫌っていたのかもしれない。

血の伝統、キリスト教、選民的――どれもこれも。

そこに跪くことは、母のコンプレックス、エゴ……いや違う、もっと巨大な何かに敗北することだと――。


見るに見かねて祖母が「もうやめなさい」と母をたしなめた。

私は蔵から解放された。

その後、母とはぎくしゃくしたまま。

祖母も関係の修復に力を貸すようなことはしなかった。

私は幼稚園を中退し、「腫物」として一家と併存することを余儀なくされた。


誰の声も聴きたくない。

夜のうちに家を出て、山の奥に駆け込もうか――。
そんなことを思って、布団で一人泣いたこともあった。

中耳炎を起こすこともたびたびだった。
後から聞いた話だが、幼い子の中耳炎には、独特の原因があるらしい。
聞きたくない人の声――耳が自動的にブロックするのだそうだ。

――でも、母だって嫌だったんだろうな。

頑なな母。その背後にあるキリスト教も、藤田家という意識も祖母から受け継いだものだ。しかし祖母のそれとはまったく異質で、母はより原理主義的に先鋭化していた。

あらためて思う。
母はなぜ、先鋭化したのかと。
どういうわけかこのなぜを考えることも、省みることも――嫌悪を覚えるのだ。
私は何を怖がっているのだろうか。

いや、わかっているはずだ。

鹿島建設に行ってからも、ずっと手紙を送り続けてきた母。

それに対して一通も返事を書かなかった自分。

そうすることが、そうし続けることが、われわれ親子にとっては最良の「方法」だったのだろう。私とて人だ。本能的には母を傷つけたいわけではない。しかし、目の前にいた母は、時代と支配という、私の刀などでは、とうてい断ち切れそうにない、巨大な渦の中に立っていたのだ。

母だから——子なのだからと、それをすっかり受け入れたとき、はたして私はどうなる。

知っているのなら教えてほしい。

私は母に何と言えば、いわゆる「母」を与えてもらえたのだろうか。

しかも母は——もうこの世にはいない。

最後の日々。それは教会ではなく、病室であった。

ここでも——皮肉にも、まるで建設の現場のように、命は処理されていた。

医者は言う。

延命の長さをどうするのか。

一月か、三月か、半年か。

それを私が選ぶことになる。
三月――。淡々と命は「運ばれて」ゆく。

あと十日。

そんなころの、ある日の朝。

母は何げなく私を見ていた。

自分とのこれまでの関係を考えれば、息子が世話をしている光景が、とても奇異に映ったのかもしれない。視線を感じると、私は手を止めた。


「どうしたの?」

母は首をかるく横に振った。

そしてか細い声で言った。

「私の人生の最大の失敗は……結婚したことやね」

何を言い出すのか。

返事をせず、私は黙って母を見ていた。

母はこちらを見た。

目が合う。

にこりと笑う。

「だって——お前を生んだのだから」

母は母のまま去っていった。

——何を伝えたかったのか。

恨みか、懺悔か、それともあれが母なりの愛情表現だったのか。

「それが死というものだ」

そんな声が聞こえた。

自分の声だったのか——いや、そうではないような気がする。

＊　＊　＊

相変わらずチュニジアのカフェに私はいた。

男ばかりのカフェ。

暗がりの中に、力のない目が泳いでいる。

コーヒーを前に、ぐっと頭を抱えた。

目の前には真っ白なノートが開いたままだ。

ギラギラと照りつける太陽が、ノートに反射して目が痛い。

ぎゅっと顔をしかめてペンを握った。


キジト――。

なあ、お前も嫌だったんじゃないのか。キリスト教を信じるなんて。自分たちのオリジンを捨てるなんて。だって……それを信じることは、君たちの先祖を裏切ることになるんじゃないのか。それとも、僕と同じでお前も、お婆さんからの伝統を守らなきゃいけないのか。

だったら、もう一度考えるんだ。奴隷貿易の歴史、虐げられてきた歴史、差別された歴史――いや、これはまだ続いている。嫌だろ。嫌なんだろ。

押しつけられたのか。

蔵に閉じ込められたのか。

それとも優等生なのか。

聞いたぞ。ウガンダでは、歪んだキリスト教の教義が流行っているそうじゃないか。

僕の言っていること、陳腐に聞こえるかもしれない。

でも、日本はな。

いま、惨めなんだよ。とても。

何がって——。


お仕着せの価値観で頭がいっぱいになっているんだよ。

洗脳ともいえるかな。

ちょっとご飯を食べようとするだけで、すぐにネットを開いて星だとか点数だとかなんだとか、そんなのを調べるんだぜ。味じゃなくて、星や点数を食べて、満足じゃなくて、安心するんだ。

道路だってビルだって、そりゃしこたまあるさ。

僕の住んでいる大阪も、急に泡を吹いたような駅舎ができて、商業施設ができて、そこに集まって知識の交換だとかなんとか——そこで仕事をして、コーヒーを飲んで、買い物をする。あたかもそれが「望んでいたこと」であるかのように。

なんか違うなと首をひねりながら、そこに身を置くんだ。

だって、それしかやりようがないんだから。

こんな風景を繁栄だとかいって、意味不明の水準ができて、それを死守することにあくせくして、個人の自由だとかいって——つまらないんだよ。とても。


談合ってわかるか。

不正ってわかるか。

そうやってお金を動かして、建物や道路ができるんだ。

そして社会は「不正義」なものになってゆくんだ。

でもな、そんなごたごたをクリアにしたからって、手間がかかるだけで結局おんなじなんだよ。

道も、ビルも、皆全部欲しいんだから。

前よりももっといいものが欲しいんだからさ。


だからマーケティングなんて発想は、建設業には関係ないんだ。


命が軽いのさ。

軽いから、誰も聞く耳を持たない。

そんなんだから、建物だってすぐつぶれる。

どんどんこの国の「普通」が劣化してゆくんだ。

私は戦ったよ。自分なりに。

でも――

企業という組織の中にいて戦っても、全然説得力がないんだ。

だから辞めた。

日本人のかつての「普通」を探そうと思ってね。

修験道に魅了されたのは、そのせいだ。

山は良かった。

あの村も素晴らしかった。

でも、そこでも「普通」は劣化し始めていた。「お金」が人を動かし始めている。値札がついてしまっているんだ。村のＰＲは、そんな劣化を加速化させるだけだったのかもしれない。だから山は怒ったんだ。

結局、山のパワーによって追い出されて――南半球に向かった。

そしたら君がいたんだ。

「普通」を劣化させるもの――「お金」といえばそれまでなんだけど、「洗脳」ってのかな。宗教っていうのかな。戦争の前も後も、日本の国民の頭は「触られ」ていた。どっちがより強力だったのかはわからないけど、「普通」の劣化を見ると、戦後の触られ方のほうが始末が悪そうだ。

二十世紀の半ば、日本はアメリカとの戦争に負けた。
その後、よくわからない裁判があったんだ。
戦犯とかいわれて何人か殺された。
戦争の後に裁判をしたのは、あの戦争が思想戦争だったからさ。
それもとても身勝手な。

誰だっけ。
日本の学者さんがこんなことを言っていた。
十七、八世紀までヨーロッパじゃ戦争ばっかりでね、だんだん教会のことが信じられなくなった。本当に神の意思を教会は伝えているのかってね。それよりも、各個人がもっている理性のほうが、神とつながっているんじゃないか――啓蒙専制君主だとか、文化人だとかがそれを実証しようとした。

自然科学、哲学、文学、音楽、絵画――。

いろいろなところでイノベーションが始まった。

二百年ほどかけて市民もその考えに慣れていった。

ところが、二十世紀に入って、恐ろしい現実を見たんだ。

第一次世界大戦――理性なんて一ミリも信用できないってことを知ったんだ。


そこで新しい思想が必要になった。

生まれたのが、ファシズム、社会主義、そしてアメリカ的な民主主義。どれが正しいんだという喧嘩が第二次世界大戦さ。

だから喧嘩の後、裁判をして「勝者が正義だ」と言いたかった。

なるほどという気がする。


そういえば、友達だったロシアの総領事も言ってたよ。

ソ連が崩壊したとき、多くの若者は原理主義的な宗教に走ったそうだ。

当然だろ。土台となる思想が否定されたんだから。


でもさ。

日本は関係なかったんだよ。

キリスト教的な理性信仰なんて、全然。もしかしたら、そんな勝手な欧米の混迷に、毒されないように、東アジアで仲間を作ろうとした。そのためには教養も必要だと真摯に思ったのかな。

日本の占領は、確かに不法な占領だったろう。

でも大阪に大学をつくるより前に、京城大学をつくったのはなぜか。欧米の勝手な事情で、ナチスと一緒にされるのはおかしな話だ。ナチスはポーランドから教育を奪うために何万という教育関係者を殺しているんだ。考え方はまったく違う。

でも、キリスト教の信者から見れば、それを受け入れていない民族というのは野蛮だったんだろう。未開だったんだろう。そんなもんだから、アメリカも躊躇なく原子爆弾を落とせたんだろうし。ナチがユダヤ人の殲滅を考えたのと同じように、アメリカ人も「日本人を一人残らず殺せ」ってのをスローガンにして戦争していたんだ。でないと白旗を上げて出てきた兵士を、もう一度塹壕に放り込んで火炎放射器で焼き殺すなんてことはしなかっただろう。

こんな話も聞いたぞ。

戦後——日本をキリスト教化しようとした。

七千人の宣教師を送り込んだ。

ところが一年経っても成果が上がらない。そこでアメリカは方針を変えた。洗脳の専門家を大量に投入したんだ。

目的は国民のサイコパス化だそうだ。

自分を煩わせないのであれば、まわりで何が起きようとかまわない。

これは大成功だと思う。

東京の街中でお年寄りが転んでも、誰も助けないよ。

みんな無視——。

極端に「普通」は劣化したのさ。

日本の行きつく方向に、先に気づいた人間もいた。

作家で三島由紀夫っていう人だ。

知ってるか？

こんな洗脳に負けちゃだめだ！

一緒に戦おう！

そんなことを言いたかったのだと思うけど、誰も振り向かなかった。

だから伝統的な方法——腹を切って死んだ。

十字架を受け入れない代わりに、自分が十字架になったのかもね。

三島は自分が「三島」という商品に貶められていることを知っていたのだと思う。

確かに素晴らしい文章を書く人間だった。しかし「三島」という名前が独り歩きしていることも感じていた。一九六〇年代だ。音楽ではビートルズや、美容のヴィダルサスーン、料理ではポール・ボキューズだとか……シンボル的な存在が生まれた時代。ああ、あのころはいろんな素晴らしい人がいたなどとノスタルジックに感じる人もいるが——冷静に考えてみればわかるだろ。

お仕着せの価値観で人を商品化することが、世界的なビジネスとなった。

ノーベル文学賞もいい「商品」だ。

三島はそれに頭を下げたくなかった。

自分に値札がつけられることが嫌だった。

つまるところ——もっとも高価な商品は「民主主義」ってことになるかな。

そもそもこのイズムは「少数派の声を最後まで聞く」というめんどうなもんだ。

それがあの戦争のときの勝者であり、後に資本主義を掲げるベースとなった。

自由なんだとよ。

平等なんだってさ。

でもね、資本主義なんていう功利の権化に、少数派の話を聞くなんていう手間は同居できないんだ。だから、すぐに多数決が頭をもたげる。

おかげで多数決で決まったことが、民主主義の答えだなんて馬鹿なことを信じている人間がほとんどになっちまった。幼い頃から刷り込まれる。小学校でも中学でも、先生が言うんだ。

「じゃあ、多数決で決めようか」

選挙に、多数決という合理性のまやかしが付随すれば、「普通」と呼ばれて、それで平等になるのか？

多数決が本当に平等だと思っているのか？

結局そんなもんじゃ何も決まらない。

だからだんだん人間は、人格のないものに頼ろうとするんだ。

お金だとか、法律だとか——公正に見えるだろ。嘘もつかないし。

こんなことを言う人もいた。

樽一杯の新鮮な魚と、ビスケット一枚を交換するっていえばどう思う？
「そんなの駄目だ」と思わないか。
なんでだ？
等価交換できないからさ。
つまり、瞬間的にお金に換算している。

でもね、離島の人間は都会のビスケットが食べたくても食べられないかもしれない。
魚なら、すぐに手に入るのに。
交換したいと思うかもしれない。
そんな「人」としての想像力が、「お金」に食い尽くされているのだとも。

これ――よくない「洗脳」なんだよ。たぶん。

「洗脳」が大分進んできたので、いまの日本はどうなっているかっていうとね、国という機能を滅ぼそうとしている。それも自発的にね。グローバル化っていうのは、そういうことだろ。地域や国を飛び越えて、世界中と個人がつながる。人類の歴史の中でも初めてのことさ。帝国よりネットワークが力をもつ時代だなんてね。それが証拠に歴史の学びの中でも、ソグド人やアラム人、ユダヤ人だとか倭寇だとか——そんなのはあくまでもパーツであって、主流ではなかったはずだ。だって、そういったネットワークには、共通するストーリーがなかったのだから。多くの人間の集団を一つにすることができなかった。でもいまは違う。ストーリーを手にしたのさ。お金という神話だ。そして「国家」の上位に立った。

日本もその洗礼を受けている。

「国家」の信用であるお金＝円を、キャッシュレスなどというスタイルで見えなくしている。特に大阪は——インバウンドだとか、万博だとか、ＩＲだとか——キャッシュレスの都市実験の場となっている。

円が日本人の「お金」でなくなると——経済効率の高いマネーがすべてを吸い取ってゆくんだ。東京に一極集中したこの国なんてのは、あっという間により大きな都市をもつ国に吸い取られてしまう。ユーロの結果、ドイツが一人勝ちしたみたいにね。

でも、誰も疑問に感じない。

あれこれ考えても、きれいな道路やビルが囲んでいるんだから——お仕着せでもなんでも、繁栄しているという気がしているから。

家畜だね、精神的には。会社に属せば「社畜」というのかな。

お金という神話でつながれば、国なんてどうでもいい。

ケニアで見たよ。国家的な不正義ってのを。

でもね、こんなふうに考えれば、別に不思議でもなんでもない。

より強力な神話が生まれた――ただそれだけだ。


日本もね。

いま言った通り、こんな神話を受け入れるまでに、キリスト教が利用されたんだ。

信者は少ないさ。でも違った形で受け入れられている。教会での結婚、ウェディングドレス、クリスマス、結婚指輪――みんな笑顔で受け入れている。

そして僕の母は、その「浸透劇」の渦中にいた。先導者でもあり、旗手でもあった。

責任感も、使命感もあったろう。

支配者が消え、指導者が新たに幅を利かそうとした時代だ。

「私がわかっていない人を導くのだ」という気分もあったろう。

どうして自分なのかという思いの根っこには、「藤田家の血筋」という選民的な思いもあったろう。

でも気づいてなかった。

その活動が国民を家畜化することになるっていうことを。

皆をサイコパス化することになるってことを。

国を滅ぼし、ネットワークのパーツにしてしまうということを。

家庭を崩壊させても、個人が外界とつながっていればいいという幻想を与えることになるということを。

ウガンダで流行るキリスト教の物質的教義なんていうのも、とても現代的で笑ってしまうほど見え透いた「結末」だということ――わかるか。


キジト、いまの日本に興味なんてもっては駄目だ。

もし本当に興味をもつのなら、自分のそもそものオリジンを見つめるんだ。

ずっと昔の記憶――人間の日常は積み重ねた過去からしか生まれてこないんじゃないのか。だとしたら、けっこう難しい省察になるが――より近い過去を除去し、その奥にあるウガンダ人としての大いなる過去を眺めるんだ。

そこに見える姿はきっと美しいに違いない。

いまの日本よりも。

とにかく――。

翌日ヨルダンに向かった。

＊　＊　＊

検証インタビュー⑥

社会矛盾と土木学会 (2)

池亀氏とともに「土木学会」活動FCCを運営したメンバー
株式会社社会システム総合研究所代表取締役
京都大学経営管理大学院経営研究センター特命教授
西田 純二

――西田さんは、池亀さんがアフリカで何を見てきたのだと、推測されますか？

西田　僕もアフリカに行ったときに感じたのですが――こうやって、生き物は生まれて死んでゆくんだ、というごく単純で、とても説得力のある美しさを、見たような気がしました。人間も、生き物の一つなんだなと。

もちろん、日本でも、大概の人びとは「人間は生き物だ」と理解はしていると思いますが、生き物としての文脈よりも、社会という文脈のほうが、より力をもっているように思うんです。だからこそ、たとえば病気になっても、亡くなっても、とても社会的な意味合いの中で、処理され、理解されてゆくでしょ。アフリカではごく単純に人が死に、そのぶん、生まれてくるものを、心から喜ぶ。自然のもっとも根幹にある、生き物としての感情で、人を見ることができるんです。池亀さんもそんなところを見てきたのではないかなと思います。彼の話の中に、宗教という言葉がよく出てきますが、生き物としての人間という視点は、もう、それ以前のものなんだと思うんですよ。アフリカの芸術なんてそうですよね。社会的に評価されるだとかに関係なく、自分が気持ち良いから描いた絵。本当に素晴らしいものが多いんですよ。

――一方でアフリカでは、拝金主義的な教義をもつキリスト教の一派なども流行していますよね？

西田　キリスト教は、元来アフリカにはなかったものです。文化的な形はしていますが、植民地化とともに持ち込まれた宗教なんだといってもいいでしょう。これはアフリカだけではなく、アジアでも、その他の地域でも――どの宗教にもそういった面はあると思うのですが――特にキリスト教は色濃いように思います。現地のもともとの人と、キリスト教とともに入ってきた支配層との差別化だとか――そんな使われ方もしていますし。

まったく逆なのがイスラム教です。このことは、現地に行けば本当によくわかります。北アフリカでは人口の過半はイスラム教。なぜ、あれほどまでにイスラム教が広まってゆくのか。イスラム教はいろんな問題を抱えているとはいっても、あれほどわかりやすい宗教は、他にはないからではないでしょうか。本来イスラム教は、清潔。そして敬虔で寛容で謙虚で、困った人を助ける――こういった言葉だけを並べると、なかなか通じないかもしれません。われわれが教育を受けてきた歴史は、あれも事実かもしれませんが、西洋による征服史観を正当化するためのストーリーではなかったか……イスラム圏の国々に行き、そこでの生き様を知れば知るほど、このことがものすごく明確に見えてくるんです。

イスラム圏の人びとは、十字軍の頃から西洋と戦い続けていますよね。長い歴史を通して、キリスト教を相対化してきたわけです。そんな経験はわれわれにはない。ないとなれば、「そういう教えか」となんとなく俯瞰しますし、信じる人は信じます。私個人は「なんか違うな……」という違和感があったのですが、どこがどう違うのかというところが、なかなか掴めないでいたんです。ただ、実際に国の外に出てみれば、以前よりも冷静に判断することができるようになりました。

そもそもはユダヤ教があり、そこからまず、キリスト教が生まれ、次にイスラム教が生まれた。ユダヤ教自体はある意味シンプルで、どこまでも個人と創造主の関係の中の話。しかしキリスト教はそうではない。ヨーロッパ文明の拡大を背景に社会的規範とともに育っていったという背景がある。逆にいえば、社会の仕組みを背景に置かないと、この宗教は理解しにくい。

――もう少し詳しく教えてもらえますか？

西田　キリスト教は、ヨーロッパが社会の仕組みを構築するのと同時に発展していったものですよね。言い換えると、その「社会の仕組み」の根幹にある価値観を、肯定し、支配してゆく文化的な道具として、キリスト教が機能したともいえるでしょう。まぁ多くの宗教で、そういった側面があると思うのだけど。人はどのようにあるべきで、死んだらこうなって……だから教会で祈りなさい。そうやって、広くヨーロッパを支配していった。

しかし、それに対してイスラム教はいたってシンプルです。神は一つ。人間ではない。神の意志を伝える預言者としてのキリストは人間であるのに、それを神として讃えるのはおかしいのではないか。シンプルでしょ。キリストも預言者として位置づけていますから。シンプルなイスラム教は勝手に広がっていくのですが、複雑になってゆくキリスト教は布教が必要になる。とても大きく、本質的な違いだと思います。

日本人は、まあ、人によって意見は変わってくると思うのですが、一般的には宗教的な征服を受けていないといってもいいでしょう。少なくとも、戦国時代、江戸時代においてはキリスト教を拒否した歴史があります。鎖国とはそもそも、キリスト教を排除するための政策でしたし。日本の文化が西洋化されずに独自性をもったまま発展するためには、大変重要な出来事だったと思います。

仏教の経典についても、オリジナルをそのまま受け入れるという姿勢ではなかったと思います。日本に入ってきた段階で教典の内容は大きく変わってゆく。最終的には八百万の神々と融合していき、神仏習合という形になってゆく。つまり日本人は、自分の信じたいものを信じることが許されていた民族じゃないですか。もし、どこかの民族が征服し、自分たちの宗教を強制的に押しつけていたとしたら、ここまで緩やかでいられなかったでしょう。

――アフリカでの社会的な犯罪と、植民地支配とともに入ってきたキリスト教との間に、何らかの関係はあると思われますか？

西田　アフリカでは、根本的にそこまで、広く民衆の底辺においてまで、キリスト教が信じられていると、僕は感じていないんですよ。もちろん都市の上流階級や支配者層はキリスト教の信者ではありますが、数的にははるかにイスラム教が多い。また原始的な宗教――アニミズム的なものを信仰している人も少なくありません。

だから、明確に関係があるとは思わないのですが……。

――最後に、小説の中に、ＪＲ六甲道の高架の工事についての記述がありますが、事実でしょうか？

西田　あれは激怒しました。阪急は徹底的に作り直していたので、時間がかかったのですが……その横で。落ちた鉄橋を持ち上げて、鉄筋を伸ばして、コンクリートを打ち直して終わり。曲がった鉄筋を熱で伸ばせば弱ります。土木工学的には絶対にありえない工事でした。池亀さんと一緒に怒ったんですよ。現場に行って、二人でね。柱を指さして、「この下！　ここもいっとるん違うんか（壊れているのではないか）！　こんな工事あるか！」と怒鳴って。国の威信をかけた早期復旧はいいのですが、あれでは……。土木技術者としては、絶対にやってはいけない工事だったんですよ。その後、その区間は工事をやり直しているようでしたが、そのときの現場での池亀さんの怒りは尋常ではなかったですね。

これは池亀さんからの話ですが、あの尼崎の東西線の事故があった日に、たまたま彼は建設省ＯＢの方と一緒にいたそうなんです。で、「ＪＲで事故が起きた」という第一報を受けたときに、二人とも「六甲道の鉄橋が落ちた！・」と思ったそうです。業界の中では皆、知っている話なんでしょうね。

七　日輪の下のンポロゴマ

キジトには「それ以前」などと書いてみたものの、あらためて思うとそんな無責任な言葉はないだろう。

――それ以前の自分なんて……。

自分の場合なら、母よりも、また祖母よりも前ということになるのではないか。
どんな光景があるというのか。
どんな手掛かりがあるというのか。
命があったとして――ただぷかぷか浮いた胎児が、どんな記憶をもつというのか。

ふと足を止めた。
目の前に広がるのは、ヨルダンの古代遺跡ペトラであった。

まわりには観光客の集団が、ガイドの説明を受けながら歩いている。

ざわざわ……ざわざわ……

そうやって歩いている観光客の歩みは、なんとなくこの遺跡に引き込まれてゆく囚われ人の行進のように見えた。力。引っ張る力。ベクトルは下に——ずっと下に。

大地溝帯の力かもしれない。

脈絡はなかったが、そんなことを考えてみた。

大きな谷。

その谷はずっと南へとつながっていき、あの、ケニアで衝撃を受けたマサイマラ国立保護区にまで、ずっとつながっている。

二か月の間、歩き回ってうろうろして、頭の中までうろうろして、過去のことを思い、いまのことを思い、胎児の記憶を想像しながらいまここに立っている。

結構な山や谷。それらを闊歩しつくしたような気がしていたが、もしかしたらこの谷の引力の上を、ぐるぐる回っていただけなのかもしれない。

ふと、旅の初めに出会ったモアイ像のことを懐かしく思った。

あの像を見て、自然の中にある人類の対話の軌跡を感じ、深くため息をついていた自分。

その自分が、もうずっと遠くにいるような気がする。

いや、もういないのかもしれない。


旅の中で幾度も開いた『サピエンス全史』のことを思った。

ここに来るまでの道中でも読んでいた。

付箋でいっぱいになっている。

暗唱すらしている一節――


小さな変化が積み重なって社会を変えるまでには何世代もかかり、社会が変わったころには、かつて違う暮らしをしていたことを思い出せる人が誰もいなくなる

人類は、そうやって農作物に支配されていったのだという。

自然を人類が制御したのではなく、米や麦が、人類を隷属させたのだと。

人類はこの大地溝帯から生まれたという話がある。
そうだとして――

――ここで生まれた人類は、最初に何を思ったのだろう。

まだ農耕に隷属していなかった人類。

その後、彼らは多くの選択を重ね、現代のわれわれに「人類そのもの」を引き継がせていった。

その選択の軌跡を人は「歴史」といっている。

どうして人類は歴史を研究するのか。

本は答える。

現在の私たちの状況は自然なものでも必然なものでもなく、したがって私たちの前には、想像しているよりもずっと多くの可能性があることを理解するためなのだ。歴史の選択は、人間の利益のためになされるわけではない。キリスト教もイスラム教も忘れられたり敗れたりしていたら、私たち全員がもっと良い暮らしをしていた可能性も十分ある。

科学研究は政治的、経済的、宗教的目的を達成させるものにお金が集まる。

しかし、その科学には、未来に何が起こるべきかを知る資格はない。

資格があるのは、宗教とイデオロギーだけだ。

つまり――期待だ。

幸福かどうかは、期待の問題だ。

キジトは日本人に何らかの期待をもっていた。

日本人が存在すること――そこに期待をもつこと……それが彼の幸福の一部を形成しているのだとすれば、私は何も語るべきではない。彼に原点に戻れというならば、私もそうするべきだ。

ことりっ、ことりっ、ことりっ……。

オセロの反転はまだ続いているのだ。

一歩ずつ、一歩ずつ――原点に戻る道をかかとから進んでゆく。

私が「造られた」のは満州でのことだ。

満州帝国――これを国として認めるかどうかなどという茶番に、世界は注目していた時代がある。これは国である。国家である。そう認めさせるものは、やはり当時的な「科学」の視点であったろう。一応は公正でなければいけないのだから。

一方で満州には独特のイデオロギーがあったそうだ。つまり、期待があったわけだ。その是非を問うことは、本当は誰もやってはいけない。なぜなら人が何に幸福を感じるのかは、とても個人的なことであり、また基本は「自由」であるからだ。

しかし当時の「科学」はこれを国と認めなかった。本の言葉を借りれば、この国のイデオロギーや存在、価値などがある一定の政治的、経済的、宗教的目的の達成には邪魔であったからであろう。

どう邪魔だというのだろう。

難しいことはわからないが、たぶん「値段をつけられないもの」だったのではないだろうか。

そんなのが理由だったとすれば、なんとも形容しがたい、不気味な束縛が、この世に存在したことになる。

すべてのものに値段がついたのはいつのことなのだろう。

人類をけん引する「科学」ですら、結局は「値札」がついている。

その尺度に邪魔なものは、徹底的に排除される。

キリスト教を信じている信者は、欧米ではもう少ない。日本の仏教と同じく、死後の面倒を見てくれる組織程度にしか思っていない人間が大半だ。

どうしてそうなったのか。

「科学」の力だともいえる。

しかしその「科学」も、自然的・必然的ではないとすれば――つまるところ投資の問題だということになる。

投資による支配システムを完成させるために、キリスト教は「キリスト教」となって人類を束縛するようになった。

人を幸福にする可能性のあった国も、国として認めない。

「侵略国家」「傀儡政権」――いろいろいえる。

では人類の侵略によって生まれなかった国家はあるのか。

自然発生的に生まれた国家はあるのか。

あるとしたら――この谷くらいではないのか。

この谷を離れた人類が穀物の奴隷となって、動けぬ植物とともに定住し、植物の居住区を広げるために侵略を重ね、この地球の土地という土地を奪っていった。これが「歴史」なのだとしたら――。

ケニアで見た拝金主義的な不正義は、穀物の支配から離脱するための人間の吠え声なのかもしれない。植物によってイデオロギーなどをもたねば生きていけない生物へと落ちぶれた人類。いくつものイデオロギーをぶつからせ、消滅させていった挙句、一つの結論に達してゆく。いかなるイデオロギーよりも、経済のほうが力強いと。

その答えが、既存の宗教を買い取って、宗教が描いた世界・社会構造をも支配し――そしてケニアでは、経済的な価値観をもとに、組織的に人命を脅かす。

人類が、人類の存続よりも、個人的なお金のほうを優先するようになれば、命も軽くなって、どんどん殺し合って、殺し合っていることにも気がつかなくなって……そうさ、ようやく植物から解放されるのだ。

――谷よ！　人類を生み出した谷よ！　見てくれ！　これが、ここを離れた人類の答えだ。

私が造られたのは、「値段」をつけることができない不都合な地域だった。

母さん、あなたの息子は、どんなオリジンを抱いて生まれてきたのだよ。

あなたが私に強要したのは――教えではない。投資の道具だったんだ。

そして高みに立っていたように、あなたに感じさせたものは、いうなれば「投資」の生んだ丘だったんだよ。いや、丘なんてものじゃない。そんな自然の生んだものじゃない。

そう、それは――。

「建造物だ!」

古代遺跡で私は大声を発していた。

一瞬まわりの人間がこちらを見た。

しかし、一瞬のことであった。

しばらくすると、彼らはまたガイドの説明を耳にし、ぞわぞわと奴隷の行進を始めていた。

巨大な建造物。

母はその上に立っていた。

私はそれを本能的に感じていた。

それと戦うために土木の世界に入り、因縁のある大阪で自分も建て続けた。

人を傷つけ、命をかけていくつも造ってきた。
いくつも、いくつも……。
矛盾と幻想――そのなかで自分は、抜き身の刀をぶんぶん振り回してきた。

人のいる風景はいま、そんな身の毛もよだつ建造物に囲まれている。
そこで生かされ、そこで新たな生命が「造られ」てゆく。

――キジトも人造人間だったのだろう。

自分の心の中で生んだ一人の青年だったのか。
本当にそんな青年はいたのか。
居もしない青年の心に悩み、それに答えようと手紙を書いていたのか。
青年の屈託のない笑顔はいまでも目に焼きついている。
でも――
そっと手を伸ばすと、さらさらと砂が崩れてゆくように、消えるような気もする。
その砂の向こうに現れるのが、また母の顔なのかもしれない。

ああ――。

ため息が漏れる。

選択の歴史を想像の限り払い落とし、元に戻って考える。
日本人には仏教が浸透していた。
仏教には輪廻転生という概念がある。
何度も何度も、解脱するまでこの世という地獄に放り込まれ、修行を重ねる。

――ひどい地獄絵図だ。

輪廻は円。
いまとなってはずいぶん呪いのこもった輪廻の中にある。

受け入れられなかったイデオロギー。
そんな満州から引き上げた、まさにその日に生まれた子。
誕生日は昭和二十一年八月十五日――。

どんな因果なのだろうか。

母にとっては受け入れることが、いずれ苦となる子。
子としては母を受け入れることが、同じように苦となる。

二人の間にあったのは、建造物――とても大きな……。

ペトラの遺跡に囲まれた空を見た。
真っ白な太陽が照り輝いている。
円というよりは、威圧だ。

――そうだ！

キジト。君がもし日本を愛するというなら、いい方法がある。
日本の老人たちを、ブランド品にして輸出しようじゃないか。
ここに来ればまだ、日本にいるよりも大事にしてもらえるかもしれない。
人類の故郷の傍らにいるのだから。

人間、最期はここに帰ってくるべきなんだ。

尊厳のある死を与えてくれるかもしれない。

どこに行っても「日本人！」という言葉を浴びながら――。

そしてここで命果てれば、あの威圧的な太陽ではない、輪廻を思わせる月がアフリカの大地でも輝き始めるのではないか。

輪廻――いつ始まったのかも、いつ終わるのかもわからない概念。

初めに何かがあったなどという、お仕着せではなく、そんなものは最初からなく、最後までない――そんな大河に身を置いて初めて、人は人として穏やかになれる。

人類発祥の地で、輪廻の糧となる日本の老人が生きる。

いい光景じゃないか。

実に――。

もう一度太陽を睨んだ。

真っ白な光の中に何か影が映ったような気がした。
何だろうと目を凝らすと、牛の姿であった。

じっとそれを見ていた。
見ているうちにふと、自然に言葉が出てきた。

——喰ってやろうか……。

見れば自分の手に爪が生えている。
顔のまわりにはたてがみが靡いている。

気がつくと一頭のライオンになっていた。
残念ながら若くはない。
年老いて、家族からも離れたライオンだった。

この旅の最初に見た牛を見つめ、ライオンは首をもたげていた。
ずっと——。

顔を上げる。
人がいた。
こちらを見ていた。
何かを語り掛けているのだが、よくわからない。
それよりも目の前にある牛のほうが大切な気がする。
牛は絶え間なく地面を食べている。

人はいた。
それだけだ。
たまたま、思いのまま体が動いていることを、自分のものだと勘違いしている生き物。
ときどきヒステリックになり、殺し合ったり、寄り添いあったり。
それだけ――。

牛が上を見上げた。
ライオンとなった自分の眼も、それを追うように、大地を照らす太陽を見上げた。
まぶしい太陽の中に――懺悔を求める母の姿が見えたような気がした。
大きな声で叫んでいる。

その意味ももうわからない。

――この牛は、あんたがくれたのか。それが懺悔か。

牛を見た。

牛は再び下を向いて地面を食べ始めた。

大きなげっぷが聞こえる。

いや、牛の声だった。

「れ……お……」

――Leo……というのか、俺は。いや違うよ。ンポロゴマさ。

私はそのまま頬杖をついて、眠ることにした。

どこまでも自然で、偶発的な大地の隆起の上で。

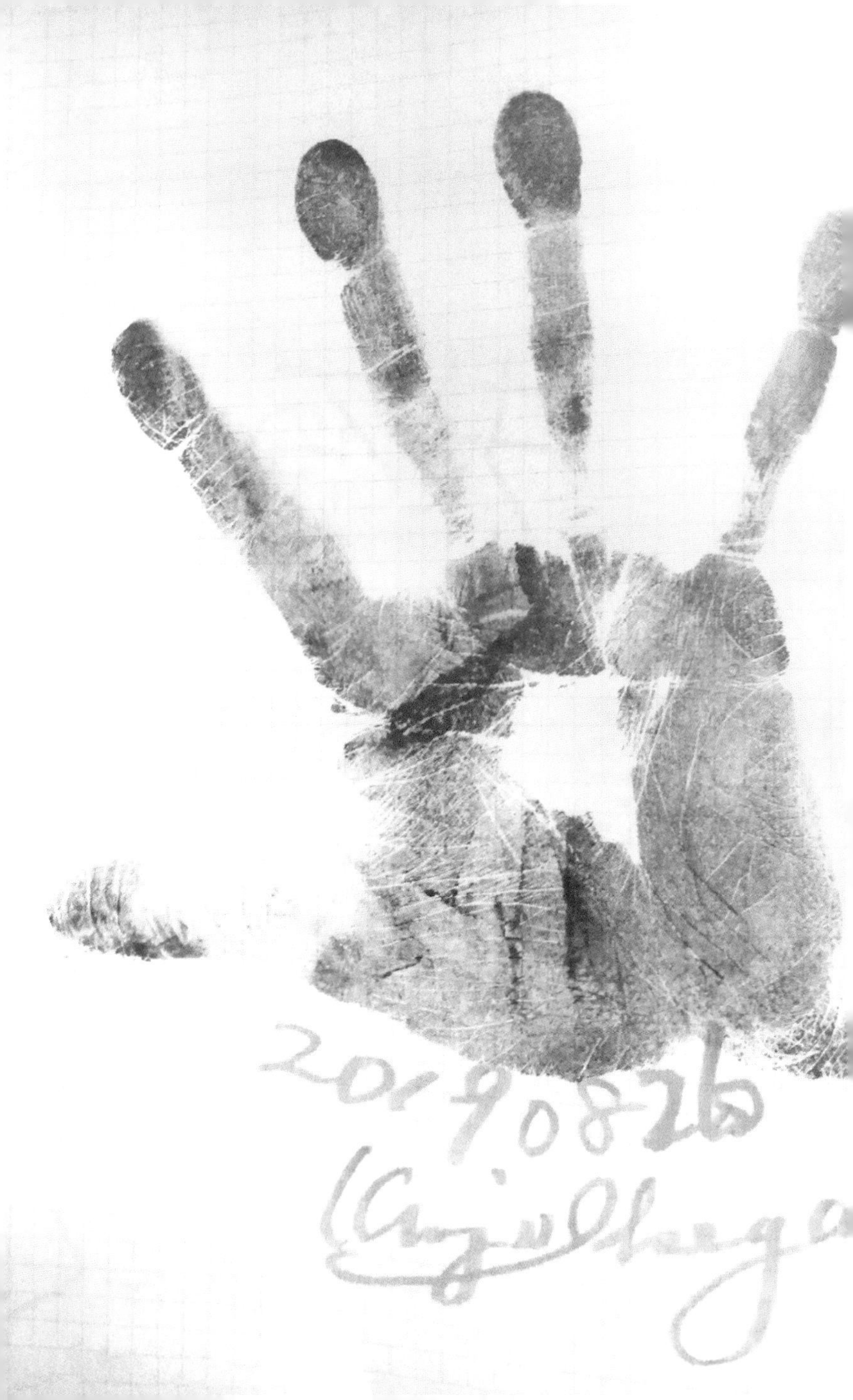
20190826

あとがき

現代をどのように人は生きたのか。多くのものが同質化するなかで、個人の重ねてきた選択は、個人のストーリーとして残る。それらをアートとして捉え、時代を超えて共有できる「遺産」として記す。それがこのシリーズの「試み」である。このような実験的な記録を学術図書の一系譜として認めてくださった関西学院大学出版会に、心から感謝を述べたい。

さて、池亀建治氏のことに少しふれておきたい。大阪のとある研究会に私が講師として呼ばれたときのこと。いまから十五年ほど前のことだ。そのとき、正面に座って、歯に衣着せぬ質問を次々とぶつけてくる人がいた。それが池亀氏であった。以後すっかり彼と友達になり、ともに天川村に足を運んだこともあった。とても難解なことを、絵画的な言語で話す人であった。テーマは概ね、現代の都市生活者の精神に対する危惧であったように記憶する。

二〇一九年の夏。池亀氏はお茶をしながら言った。「二か月ほどかけて南半球を一周してきた。いろんなことを発見した。だけど、そのせいか頭の中がまったく整理できずにいる」。困惑しながらも、目を輝かせている彼の様子は、発する言葉以上に訴えるものがあった。「この人が発する空気の裏側に、僕が知らない感情がある」。そう直感した。

後に、このシリーズを関西学院大学出版会が認めてくださったとき、池亀氏の感情を最初に「形にしよう」と思った。どれほどそれが成功したのかはわからない。ただ、彼とともに苦楽をともにしてこられた奥様が、じっと読んで「面白い」と言ってくださった。少なくとも、お二人の間には「感じられる形」として、何かが生まれたのではないかと思っている。

一つ告白しておきたいことがある。タイトルにある「ンポロゴマ」あるいは文末に出る「レオ」――池亀氏をライオンとして表現する。これは、私のオリジナルではなく、池亀氏のこだわりであった。

池亀氏はこう言った。

「『風に立つライオン』という歌があります。アフリカにボランティアで行った長崎大学の医師が、内戦に巻き込まれて死ぬ――さだまさしが、実話をもとに作詞作曲した歌です。後にこの曲をもとにした小説が映画化されましたが、舞台はケニア、ウガンダ付近。

撮影もケニアで行われたのだとか。最初にウガンダやケニアに興味をもったのは、この映画の影響がありました。

また、この曲には、もう一つ別のストーリーがあります。私がタンゴを学び始めたとき、とあるショーでシャンソン歌手が歌う同曲と出会いました。強いインパクトを受け、しばらくカラオケに行っては、この歌を歌っていました。

そのころ、高校の同級生であった宮崎浩一郎君が癌になったと知らされました。暗い気持ちを少しでも晴らしてやろうと、一緒にカラオケに行くようになりました。一年半ぐらいでしょうか。本当に頻繁に通いました。

彼はとても歌がうまかった。歌うのも大好きだった。でも、私がこの『風に立つライオン』を歌うときだけは、なぜかじっと聞いてくれていました。そのうちにだんだん病状が悪くなり、歌うのも難しくなっていく――いつしかカラオケ通いは終わってしまいました。いまでも、彼があの曲を聞いているときの表情が、脳裏から離れずに残っているんです」

アフリカへの思い。

友人への思い。

それらをかき集めると、一頭のライオンが生まれる。

それは紛れもなく、池亀氏自身ではないのか。

彼は余程この歌が好きだったようで、ステージでも歌い、「少年ケニア」で盛り上がったケニアのホテルの支配人にも語り、現地で岩村由香氏とも共演しようと思ったのだとか。ユヴァル・ノア・ハラリの『サピエンス全史』とともに、この曲は彼と旅をした。大事な要素であったことをお伝えして、この本を締めくくらせていただきたい。

令和元年——秋

中野 順哉

旅行中の写真は堀内治氏撮影によるものです。
掲載箇所：9頁、10-11頁、14頁、19頁、23頁、26頁、32頁、36頁、40-41頁、199頁

参考文献

『サピエンス全史』上・下　ユヴァル・ノア・ハラリ／柴田裕之訳（河出書房新社）
『21 Lessons――21世紀の人類のための21の思考』ユヴァル・ノア・ハラリ／柴田裕之訳（河出書房新社）
『日本がアルゼンチンタンゴを踊る日――最後の社会主義国家はいつ崩壊するのか？』ベンジャミン・フルフォード（光文社）
『無敗の男　中村喜四郎　全告白』常井健一（文藝春秋）
『藤田伝三郎の雄渾なる生涯』砂川幸雄（草思社）
『傷ついた日本人へ』ダライ・ラマ14世（新潮新書）
『キリスト教と日本人』石川明人（ちくま新書）

池亀建治年譜

一九四六（昭和21）年	満州からの帰国途上、長崎県佐世保港にて下船直後に生まれる。その後母親の実家山口市に居住。
一九六五（昭和40）年	山口県立山口高等学校卒業。
一九六九（昭和44）年	山口大学工学部土木工学科卒業。その後鹿島建設株式会社に入社。大阪支店設計課に配属される。
一九七九（昭和54）年	兵庫県加古川市権現ダム現場勤務。初の役職であったが、死亡事故に遭遇しノイローゼになる。
一九九一（平成3）年	大阪支店土木部工務課長就任。以後三年間、特捜本部の手入れに対応。
一九九三（平成5）年	土木学会「土木学」研究会（ＦＣＣ）という社外活動に参加。三年間活発な活動を展開する。
一九九四（平成6）年	大阪支店プロジェクト推進部部長に就任。
一九九五（平成7）年	阪神・淡路大震災。大阪支店復興本部設立に関与。
二〇〇〇（平成12）年	鹿島建設株式会社を早期退職する。土木関係、市民活動などに取り組む。
二〇〇一（平成13）年	特定非営利活動法人日本ＰＦＩ協会関西支部所長に就任。五年間務める。同時にいくつかのＮＰＯ活動に参加。
二〇〇五（平成17）年	十年間天川村を中心に自然崇拝研究会・村おこし活動を展開。修験道修行として大峯山に十回登る。
二〇一三（平成25）年	母　和子　老衰で死去（九十三歳）。
二〇一八（平成30）年	十月から二か月南半球一周の旅を敢行。

著者略歴

中野 順哉　JUN-YA NAKANO

作家。小説を阿部牧郎、浄瑠璃台本を七世鶴澤寛治の各氏に師事。

2000年、琵琶湖水質浄化の紙を演奏会のチラシ・プログラムに使用することで年間5000トン以上の湖水を浄化する企画を立ち上げる。

2002年より各地の歴史をテーマにした講談を創作し音楽とコラボさせた「音楽絵巻」を上方講談師・旭堂南左衛門とともにプロデュース。上演した作品は100作以上にのぼる。

2011年に日本テレマン協会代表に就任。演奏会を通したコミュニティー再構築、オランウータンの生息地拡大、大阪の国際発信などを実施。

2013年、日本テレマン協会の創立50周年を記念し、二か月にわたる街角コンサートを実施。そこから得たデータをもとに「老後の楽しみ」と「人と人が顔を合わせることで育むセキュリティー力の強化」を目指した町単位の格安コンサートを開催してゆく。

2014年には独自の視点からアナライズした大阪文化論「私の見た大阪文化」を作成。英語翻訳を併記した冊子にし、各国総領事館に配布。その論をベースに2015年関西学院大学において社会連携プロジェクトの講義を行う。参加学生の意見をもとに「Just Osaka」と題した動画を制作しYouTubeにて配信する。

同年、ドイツ総領事館の協力のもと、大阪市中央公会堂を舞台にバッハ「ブランデンブルク協奏曲」全曲公演を毎年開催することをブランデンブルク州首相に宣言。民間団体による都市発信の成功例となる。

さらには高校生と各国総領事によるシンポジウムを開催。翌年も継続開催され、大阪府より「府議場」の利用を許されるまでに成長した。

2015年より雑誌『新潮45』において「歴史再考」を執筆。新しい歴史観を提唱し物議を醸している。

2016年より地域プロデューサーとの共同企画として、栗東市におけるいちじくのブランディングに着手。農作物を通した地域の人間の心を結びつける演奏会を毎年開催している。さらに2019年からは生産者の増加を目指すプロジェクトもスタートした。

2017年8月に日本テレマン協会より独立。

2018年より内閣府参与・原丈人の提唱する公益資本主義を題材に、2050年の日本のあるべき姿を高校生と議論するシンポジウムを立ち上げる。

また音楽の分野でも指揮者・梅沢和人（元大阪フィルハーモニー交響楽団コンサートマスター）のステージをプロデュース。

さらに株式会社ティーエーエヌジーとともにアニメ声優の朗読劇「フォアレーゼン」をプロデュース。声と舞台の色彩のコラボレーションによる、あらたな独自の文学観を生み出している。フォアレーゼンは現在、東北から九州まで全国で開催される舞台に成長している。

2019年2月に『うたかた―七代目・鶴澤寛治の見た文楽』（関西学院大学出版会）を出版。また4月には鉄道模型の大家・原信太郎の人生を綴った『あの駅に着いたら…』（データコントロール）を出版。

さらに、関西の企業とともに、商品・企業活動に人格を与えるブランドパーソナリティ、ブランドストーリーの構築を行うなど、精力的な活動を行っている。

パラダイムシフトの群像 Case 001

ンポロゴマの倒錯

2020 年 9 月 10 日 初版第一刷発行

著　者　中野順哉

発行者　田村和彦
発行所　関西学院大学出版会
所在地　〒 662-0891
　　　　兵庫県西宮市上ケ原一番町 1-155
電　話　0798-53-7002

印　刷　協和印刷株式会社

Printed in Japan by Kwansei Gakuin University Press
ISBN 978-4-86283-305-1
乱丁・落丁本はお取り替えいたします。